PANTYCELYN
A'N PICIL NI HEDDIW

I Llinos, fy mentor ymhob peth;

fy mhlant rhyfeddol, Arthur, Rolant a Gwenllian,

a'u plant hwythau, Ainhoa, Megan, Leire, Deio, Cai;
Catrin, Soffia; Caradog, Mali, Dafydd;

y bu rhai ohonyn ar bererindod gyda fi un tro o
Chancefield, heibio i borth eglwys Talgarth, ac i Drefeca.

PANTYCELYN
A'N PICIL NI HEDDIW

LLYTHYR AT Y CYMRY DEALLGAR
yn enwedig yr IFAINC
ynghylch
PAM Y DYLID TALU SYLW O'R NEWYDD
I WILLIAMS PANTYCELYN

CYNOG DAFIS

Argraffiad cyntaf: 2021
© Hawlfraint Cynog Dafis a'r Lolfa Cyf., 2021

Mae hawlfraint ar gynnwys y llyfr hwn ac mae'n anghyfreithlon llungopïo neu atgynhyrchu unrhyw ran ohono trwy unrhyw ddull ac at unrhyw bwrpas (ar wahân i adolygu) heb gytundeb ysgrifenedig y cyhoeddwyr ymlaen llaw

Cynllun y clawr: Y Lolfa
Llun y clawr: iStockphoto

Rhif Llyfr Rhyngwladol: 978 1 80099 099 9

Cyhoeddwyd ac argraffwyd yng Nghymru
ar bapur o goedwigoedd cynaliadwy gan
Y Lolfa Cyf., Talybont, Ceredigion SY24 5HE
e-bost ylolfa@ylolfa.com
gwefan www.ylolfa.com
ffôn 01970 832 304
ffacs 01970 832 782

Diolch

I Derec Llwyd Morgan, Gareth Wyn Jones, Aled Jones Williams, Llinos Dafis a Seimon Brooks am eu hanogaeth ac am fwrw golwg dros y sgript; i'r Parch. John Tudno Williams am ei gymorth gyda chyfeiriadaeth ysgrythurol yr emynau; i Huw Meirion Edwards am ei gywiriadau a'i awgrymiadau; ac i'r Lolfa am gyhoeddi ac am eu gofal caredig.

Rhagair

Ers blynyddau mae rhyw awydd wedi bod arnaf-i i ysgrifennu rhywbeth am Williams Pantycelyn. Daeth Clo Mawr y pandemig â'r amser segur i fi fynd ati. Ond ar ba ffurf? Ryw ddiwrnod wrth ddringo'r rhiw heibio i eglwys Llanfihangel Genau'r Glyn daeth y syniad: beth am lythyr gan hen ŵr at yr ifainc – ac at bobl ddeallgar o bob oed? Deallgar sylwer, nid deallus: rhai sy'n awchu am ddeall, nid rhai y mae deall yn dod yn rhwydd iddyn. I'r categori cyntaf hwnnw yr wyf i'n perthyn.

Ffynonellau

Wrth baratoi'r llythyr hwn rwyf wedi darllen neu bori yn y llyfrau canlynol:

Seimon Brooks, *Hanes Cymry*, Gwasg Prifysgol Cymru, 2021

John Davies, *Hanes Cymru*, Allen Lane, 1990

Russell Davies, *Hope and Heartbreak, a Social History of Wales and the Welsh 1776–1871*, Gwasg Prifysgol Cymru, 2005

Garfield Hughes, *Gweithiau William Williams Pantycelyn*, Cyfrol 11, Gwasg Prifysgol Cymru, 1967

Glyn Tegai Hughes, '*Yr Hen Bant*': *Ysgrifau ar Williams Pantycelyn*, Y Lolfa, 2017

E Wyn James, 'Morgan John Rhys a Chaethwasiaeth Americanaidd', yn Daniel G Williams (gol.), *Canu Caeth: Y Cymry a'r Affro-Americaniaid*, Gwasg Gomer, 2010

D Densil Morgan, Rhagymadrodd i *Williams Pantycelyn* Saunders Lewis, Gwasg Prifysgol Cymru, 2016

Derec Llwyd Morgan, *Y Diwygiad Mawr*, Gwasg Gomer, adargraffiad 1999

Derec Llwyd Morgan (gol.), *Meddwl a Dychymyg Williams Pantycelyn*, Gwasg Gomer, 1991

Derec Llwyd Morgan, Rhagymadrodd i *Emynau Williams Pantycelyn*, Gwasg Gregynog, 1991

Richard Price, *Cariad at ein Gwlad*, sef cyfieithiad o *A Discourse on the Love of our Country* gan P A L Jones, Llyfrgell Genedlaethol Cymru, 1989

Richard Price, *Political Writings*, wedi'u golygu gyda rhagymadrodd gan D O Thomas, Gwasg Prifysgol Caergrawnt, 1991

Gomer Morgan Roberts, *Hanes Methodistiaeth Galfinaidd Cymru*, Cyfrol I, *Y Deffroad Mawr*, 1973, a Chyfrol II, *Cynnydd y Corff*, 1978, Llyfrfa'r Methodistiaid Calfinaidd

Gomer Morgan Roberts, *Gwaith Pantycelyn: Detholiad*, Gwasg Aberystwyth, 1960. O'r casgliad yma y cymerais y detholiad o ddeg emyn

Gomer Morgan Roberts, *Gweithiau Williams Pantycelyn, Cyfrol 1*, Gwasg Prifysgol Cymru, 1964

Gomer Morgan Roberts, *Y Pêr Ganiedydd (Pantycelyn): Trem ar ei Fywyd*, Cyfrol I, 1949 a Chyfrol II, 1958, Gwasg Aberystwyth

Gwyn A Williams, *When was Wales? A History of the Welsh*, Black Raven Press, 1985

Huw L Williams, *Credoau'r Cymry*, Gwasg Prifysgol Cymru, 2016

Huw L Williams, *Ysbryd Morgan*, Gwasg Prifysgol Cymru, 2020

Wedi i hyn o lith gyrraedd y wasg y tynnwyd fy sylw at fagnwm opws llachar-feistrolgar Bobi Jones ar Bantycelyn (662 dudalen), *Y Cynllun sy'n Canu* (gw. "Beirniadaeth Llenyddol", rmjones-bobijones.net). Profiad hynod a chyfareddol yw cael y teimlad o fod yng nghwmni dau athrylith ar yr un pryd.

Nodyn ar ddefnyddio'r gair "dyn"

Mae perygl y caf-i 'nghyhuddo o fod yn rhywiaethol am y ffordd rwy'n defnyddio'r gair "dyn" yn y llythyr yma. Nid hynny yw'r bwriad, o bell ffordd.

Yn draddodiadol gair diryw oedd "dyn", i'w ddefnyddio i gyfeirio at fenywod a gwrywod fel ei gilydd. "Mi a'th gaf, addwyn wyneb,/ Fy nyn, pan na'th fynno neb," meddai Dafydd ap Gwilym wrth ei gariadferch Dyddgu. "Gorwyllt foethusddyn geirwir" a "dyn teg iawn" yw Morfudd hithau. Mae ei gerddi serch yn frith o'r gair yn yr ystyr yma.

Mae'r defnydd yna o'r gair wedi para hyd heddiw yng ngodre Ceredigion. "Dynion Castellnewydd Emlyn" yw pobl y dref honno, yn fenywod neu wrywod yn ddiwahân. Yng Nghapel y Fadfa, Talgarreg, lle bues i'n aelod, byddai'r gynulleidfa'n ymrannu yn "fenywod" a "gwrywod", y naill ar ochr dde'r eil a'r lleill ar yr ochr chwith. Yn yr ardal honno y clywais-i gyfeirio at wraig ddibriod, unig, yn "ddyn yn byw ar ei phen ei hunan".

Ffordd arall o ddefnyddio "dyn" (yn nhafodieithoedd y De yn bennaf) yw i fynegi'r amhendant gramadegol, gan gyfateb i'r "rhywun" gogleddol a *"one"* yn Saesneg. Fel a ganlyn:

"Mae dyn yn teimlo ambell waith fod pethau'n mynd yn drech nag e"

"Mae rhywun yn teimlo weithiau fod pethau'n mynd yn ormod iddo"

"There are times when one feels that things are getting too much for one"

Defnydd arall wedyn, sy'n digwydd yn y llythyr hwn, yw i gyfeirio at y rhywogaeth, *homo*, Dyn. Byddai'n amhosibl ei osgoi, hyd yn oed petai dyn eisiau. Ffurfiau cysylltiedig yw "dynoliaeth", "dynol-ryw", "dynolryw" ac wrth gwrs "bodau dynol". Wrth gyfeirio at nodweddion Dyn yn rhagor nag anifeiliaid eraill mae'r ansoddeiriau "dynol" ac "annynol" yn cael eu defnyddio.

Mae "dyneiddiaeth" a "dyneiddiwr", a "dyneiddwraig" hefyd, yn gyfarwydd.

I gloi, mae'n werth nodi bod *man* yn gallu cyfeirio at y rhywogaeth a'i fod yn bresennol yn *human*, *humanity* a *mankind*, ond ni chlywais-i neb yn defnyddio *man* a *men* yn ddiryw, yn yr un ffordd â "dyn" a "dynion" yng ngodre Ceredigion ac yng ngwaith Dafydd ap Gwilym.

Y Llythyr

Annwyl gyd-Gymry,

Peth rhyfygus yw i fi fentro ysgrifennu hyn o lythyr. Yn un peth, dwyf i ddim yn hanesydd nac yn athronydd nac yn ddiwinydd nac yn feirniad llenyddol o fath yn y byd. Pwy ydw i felly i esbonio, fel rwy'n bwriadau ceisio'i wneud, pam y mae William Williams Pantycelyn yn haeddu sylw o'r newydd, 230 o flynyddau wedi'i farw? A phwy ydw i i ychwanegu at y swmp enfawr o waith ysgolheigaidd a draethwyd ac a ysgrifennwyd amdano ers hynny?

Yn ail, pwy ydw i, henwr 83 oed, i'ch annerch chi, yr ifainc, y mae eich byd cymdeithasol, diwylliannol, gwybodaethol, cyfathrebol, moesegol efallai, mor gyfan gwbl wahanol i'r byd y'm magwyd, ac y treuliais y rhan fwyaf o 'mywyd, ynddo? Waeth i fi gyfaddef tra 'mod i wrthi bod eich byd chi, ieuenctid heddiw, i raddau y tu hwnt i 'nirnadaeth i. Un peth rwyf yn ei ddeall yw bod y byd hwnnw beth wmbredd yn anoddach, yn fwy gofidlawn ac anniogel na'r byd cysurus, cynyddol foethus a manteisiol, yr wyf i wedi'i brofi, ac yn parhau i'w brofi, diolch i'r pensiwn anfoesol o hael yr wy'n byw arno a'r cartref braf diforgais rwy'n byw ynddo.

Rhan o'r ateb i'r ddau gwestiwn uchod, mae arna'i ofn, yw i Williams Pantycelyn, oherwydd amgylchiadau arbennig fy magwraeth a dylanwad mawr byd y capel ar fy mhrofiadau ffurfiannol, dyfu'n dipyn o obsesiwn personol gen-i. Pantycelyn, a'r mudiad yr oedd-e'n rhan ohono, y Diwygiad Methodistaidd, i roi'i enw swyddogol iddo.

Rwy'n gobeithio serch hynny bod mwy yn y peth na hynny, rhywbeth heb law awydd hen ŵr i gael un o'i brif obsesiynau "off ei tsiest" cyn iddi fynd yn rhy hwyr. Bydd dwy agwedd ar y rhywbeth hwnnw.

Y gyntaf yw bod angen i bawb ohonon-ni, ac nid chi yn unig, ein hatgoffa'n hunain o effaith ddofn a phellgyrhaeddol Pantycelyn a'i bethau ar ein bywyd ni heddiw. Yr ail agwedd yw'r syniad sy gen i bod gan Bantycelyn rywbeth o bwys i'w ddweud wrthon ni, ac wrthoch chithau, heddiw. O'r ddwy agwedd yna yr ail, o gryn dipyn, fydd anoddaf i'w phrofi.

Gyda hynna o esboniad, dyma fi'n bwrw ati nawr i estyn allan fel petai ar draws y cenedlaethau o 'myd cyfarwydd i i'ch byd heriol-ddieithr chi.

Persbectif Personol

Cyn mynd ymhellach, gwell i fi esbonio rhai o gynseiliau fy safbwynt i a'r hyn rwyf am ei ddweud yn y llythyr yma – ble rwy'n dod ohono fel petai. Mi fyddaf yn treial esbonio wrth fynd ymlaen pam rwy'n credu bod gan grefydd, a Christnogaeth yn benodol, ran bwysig i'w chwarae yn ein bywydau o hyd. Ond er mwyn iddyn-nhw wneud hynny, fy marn i yw bod angen eu hailddehongli mewn modd go radical. Efallai y byddai'n fuddiol i chi gael golwg ar ddwy adran olaf y llythyr yma, sef "Price, Pantycelyn a'n Picil ni Heddiw" a "Cristnogaeth Newydd", cyn bwrw ymlaen.

Man cychwyn yr ailddehongli, fel y gwelaf i bethau, fyddai

cydnabod nad â ffeithiau yr ydyn-ni'n delio wrth ymwneud â chrefydd.

Er enghraifft, ychydig iawn o ffeithiau cadarn sy gyda ni am Iesu hanes. Tebyg bod traddodiadau llafar ac atgofion ei ddilynwyr yn rhan o'r hanesion a gawn-ni yn efengylau Marc, Matthew, Luc a Ioan, llyfrau cynta'r Testament Newydd. Ond ffrwyth dychymyg creadigol eu hawduron a deunydd o ysgrythurau'r Iddewon (yr "Hen Destament"), ynghyd â syniadau a oedd yn cylchdroi yng nghyfnod eu cyfansoddi, yw rhan fawr o'u cynnwys. Llythyron yr Apostol Paul at y Cristnogion cynnar yw'r ysgrifeniadau cynharaf yn y Testament Newydd ac o feddwl athrylithgar Paul, mae'n debyg, y tarddodd y syniad mai Mab Duw oedd Iesu, wedi'i eni'n wyrthiol, a'i atgyfodi o'r bedd yn dilyn ei ddienyddiad gwaradwyddus ac yna ei ddyrchafu i'r nefoedd.

Fy marn i yw bod ysgrifeniadau'r Testament Newydd, ac yn wir yr Hen Destament, yn amhrisiadwy o werthfawr, ac yn dal yn berthnasol. Ond mae'n bwysig dros ben i ni ddiosg y syniad, sy'n dal yn gyffredin iawn, bod eu gwerth yn dibynnu ar wironeddau ffeithiol.

Ysgolhaig sydd wedi dylanwadu'n drwm ar fy ffordd i o weld crefydd yw Karen Armstrong, awdur cyfrolau megis *A History of God*, *The Case for God* a *The Lost Art of Scripture*. Ei thesis sylfaenol hi yw bod angen gwahaniaethu rhwng dwy ffordd o amgyffred y byd, sef logos a mythos. Byd empeiriaeth yw **logos**, sef byd ffeithiau gwrthrychol a thystiolaeth, byd gwyddoniaeth a rheswm. Y dychymyg creadigol a'r teimladau biau byd **mythos**, byd ffuglen, chwedl a myth, byd barddoniaeth a'r celfyddydau, byd "gwirioneddau" goddrychol yn hytrach na gwrthrychol. O weld pethau fel yna, go brin bod angen pwysleisio mai i fyd **mythos** y mae crefydd yn perthyn.

Yr aflwydd yw bod bydoedd logos a mythos, eu nodweddion a'u canllawiau, yn cael eu drysu â'i gilydd yn y trafodaethau mynych ynghylch y berthynas rhwng crefydd a gwyddoniaeth a gwerth y ddwy yn ein bywydau ni heddiw.

Rwy'n gweld hyn yn hynod o berthnasol yn y ddadl barhaus ynghylch bodolaeth Duw. I fi, fel i lawer ohonoch chi (nid pawb ohonoch wrth gwrs), mae'r syniad o Fod Goruwchnaturiol sy'n gyfrifol am y bydysawd yn amhosibl i'w dderbyn. Dyw damcaniaethu ynghylch bodolaeth Duw yn ddim cymorth wrth drio dyfalu sut y daeth y bydysawd i fodolaeth neu ddeall dirgelion gofod ac amser. Ymhellach, mae'n amhosibl cysoni'r syniad o Dduw gofalgar a chariadus (yr unig fath o Dduw y byddai dyn am ei addoli) â'r dioddefaint arswydus hollbresennol sy'n rhan annatod o fywyd.

O weld Duw fel creadigaeth dychymyg Dyn, fodd bynnag, mae'r darlun yn newid. Fe drown-ni at hynny yn nes ymlaen. Digon nodi yn y fan yma y byddai Williams Pantycelyn yn anghytuno'n gryf â'r ymresymiad uchod. Iddo fe, heresi beryglus fyddai gwahaniaethu yn y modd yma rhwng logos a mythos. Iddo fe, mater o gofnod ffeithiol yw disgrifiad y Testament Newydd o fywyd Iesu Grist. Mater o ffaith ddiymwad yw bodolaeth Duw. Sy'n codi'r cwestiwn cwbl resymol: pam yn y byd y dylen ni heddiw dalu sylw i'w fywyd a'i waith? Y cwestiwn yna y bydda'i'n treial ei ateb wrth fynd ymlaen.

Braslun o Fywyd Pantycelyn

Cafodd William Williams ei eni yn 1717 a'i fagu yn fab i ffarm lewyrchus ym mhlwyf Llanfair ar y Bryn, ger Llanymddyfri, Dyffryn Tywi. Yn blentyn byddai'n mynychu capel ymneilltuol, capel "sentars", Cefnarthen lle roedd ei dad yn aelod amlwg. Yn y cyrddau yno byddai wedi gwrando ar bregethau a hefyd ar ddadleuon rhwng dwy garfan ddiwinyddol: yr Arminiaid, a oedd yn arddel rhyddid ewyllys, a'r Calfiniaid, a oedd yn credu mewn rhagordeiniad ac etholedigaeth.

Yn 1737, ac yntau'n 20 oed, aeth yn fyfyriwr i academi enwog Vavasor Griffiths (m. 1741) yn Chancefield, rhyw hanner milltir o Dalgarth, Sir Frycheiniog. Roedd y cwricwlwm yno yn cynnwys Mathemateg, Diwinyddiaeth, Groeg, Lladin a'r Hebraeg. Ei fwriad, mae'n debyg, oedd mynd yn feddyg.

Ffaith sydd heb gael hanner digon o sylw yw ei fod yn gyd-ddisgybl yn Chancefield â Richard Price (1723–1791), a ddaeth yn un o ddynion mwyaf dylanwadol ei gyfnod. Mi gawn edrych yn fanylach ar hanes hwnnw maes o law.

Mae'n debyg mai ar ei ffordd adref o'r academi i'w lety ddiwedd rhyw brynhawn yr oedd Williams pan newidiwyd holl gwrs ei fywyd. Ym mhorth eglwys Talgarth wele dyrfa o bobl yn gwrando ar ddyn yn pregethu. Y gŵr hwnnw oedd Howell Harris o Drefeca, arweinydd mudiad newydd y Methodistiaid. Bron i hanner canrif yn ddiweddarach disgrifiodd Williams yr effaith syfrdanol a gadd y bregeth yna arno:

Dyma'r bore fyth mi gofia',
Glywais innau lais y nef,
Daliwyd fi wrth wŷs oddi uchod
Gan ei sŵn dychrynllyd ef.

Bu'r un digwyddiad dramatig, os nad trawmatig, yma'n drobwynt yn hanes Methodistiaeth ac felly yn hanes Cymru. Yn ŵr ifanc 20–21 oed penderfynodd Williams roi'r gorau i'w fwriad i fynd yn feddyg ac ymroi i'r genhadaeth Fethodistaidd. Ymgeisiodd i fynd yn offeiriad yn Eglwys Loegr a bu am gyfnod yn gurad, ond oherwydd ei weithgarwch efengylaidd, gan gynnwys yr arfer o bregethu yn yr awyr agored, gwrthodwyd ei urddo ac yn wir, cadd ei ddiswyddo. Cadd ei benodi gan y Methodistiaid yn gynorthwyydd i Daniel Rowland, offeiriad yn Llangeitho, Ceredigion a chyd-arweinydd Harris. Treuliodd weddill ei oes yn pregethu, yn hyrwyddo twf y mudiad, yn teithio ledled Cymru ar gefn ceffyl, ac yn llenydda.

Mae cyfanswm ei allbwn fel awdur yn anhygoel. Cyhoeddodd 90 o lyfrau a llyfrynnau, yn rhyddiaith a barddoniaeth. Ei gyfraniad mwyaf nodedig yw ei emynau. Rhwng 1744 ac 1787 cyhoeddodd wyth o gasgliadau Cymraeg a nifer fach o rai Saesneg. Roedd canu emynau yn elfen ganolog, lawn cyn bwysiced, os nad pwysicach, na'r pregethu yng nghyrddau cyhoeddus emosiynol-gynhyrfus y Methodistiaid. Penodwyd Williams yn brif emynydd y mudiad ac mae'n sicr i'w emynau chwarae rhan allweddol yn ei lwyddiant.

Richard Price a'r Goleuo

Cyn manylu ar gyfraniad allweddol Pantycelyn i Ddiwygiad Methodistaidd Cymru, math o chwyldroad cymdeithasol a diwylliannol, gadewch i ni fwrw golwg ar yrfa un o'i gyd-efrydwyr yn academi Vavasor Griffiths, Richard Price.

Mab oedd hwnnw i weinidog ymneilltuol, Calfinydd, yn

Nhyn-ton, Llangeinor, Morgannwg. Ar ôl gadael academi Chancefield, aeth i Lundain i barhau'i addysg yn academi Moorfields. Yn 1758 cafodd ei benodi'n weinidog ar dŷ cwrdd (capel) Newington Green. Erbyn hynny roedd-e wedi cefnu ar Galfiniaeth ei dad, troi'n Arminiad a chyfeillachu gydag Undodiaid, pleidwyr crefydd rheswm, megis Joseph Priestley.

Gyda hyn daeth yn aelod o'r Bowood Group, cylch o ddeallusion o amgylch yr Arglwydd Shelburne a fu'n Brif Weinidog yn 1782–3. Dyna'r pryd y sefydlwyd heddwch rhwng Prydain a'r trefedigaethau Americanaidd a oedd wedi gwrthryfela ac ennill eu hannibyniaeth ac a fyddai, maes o law, yn ffurfio'r Unol Daleithiau.

Ymhlith yr ymwelwyr â chartref Price yr oedd y radical Tom Paine, awdur *The Rights of Man*, William Pitt yr hynaf, ac yn fwy arwyddocaol fyth Benjamin Franklin, awdur Datganiad Annibyniaeth America (1776), a dau o arlywyddion cynnar yr Unol Daleithiau, Thomas Jefferson a John Adams.

Roedd parch mor uchel i Price yn yr Unol Daleithiau nes iddo dderbyn gradd Doethur yn y Gyfraith ym Mhrifysgol Yale, yn un o ddau y diwrnod hwnnw. Y llall oedd George Washington, yr arlywydd cyntaf. Roedd Price yn gefnogydd brwd i'r Chwyldro Americanaidd ac mae sôn iddo ddylanwadu ar y penderfyniad i ddatgan annibyniaeth.

Yn 1791 cyhoeddodd ei bregeth *Cariad at ein Gwlad*, o blaid Chwyldro Ffrainc, a chynnal dadl wedi hynny â'r athronydd gwleidyddol o Wyddel, Edmund Burke. Ymhlith ei gefnogwyr yn y ddadl honno roedd Tom Paine a'r proto-ffeminydd Mary Wollstonecraft, a fyddai'n mynychu tŷ cwrdd Price i wrando arno'n pregethu.

Erbyn hyn roedd Price yn un o ddynion enwocaf Lloegr, yn

ffigwr amlwg yn y Goleuo, yn gydnabyddus â David Hume ac Adam Smith ac yn awdur disglair a thra llwyddiannus. Roedd ei waith mathemategol yn sylfaenol i dwf cynlluniau yswiriant y cymdeithasau cyfeillgar a oedd yn cael eu sefydlu bryd hynny ac a dyfodd maes o law yn ddiwydiant anferth ei ddylanwad. Rhoddwyd iddo ryddfraint dinas Llundain.

Gallwn ddyfalu ynghylch natur y berthynas rhwng William Williams a Richard Price tra'u bod yn cydastudio yn Chancefield. A fu'r ddau ŵr ifanc yn trafod diwinyddiaeth a gwyddoniaeth? A glywodd Richard Price Howell Harris yn pregethu a pha argraff a wnaeth arno? A agorodd William ei galon i Richard ynghylch y dröedigaeth yr oedd wedi mynd drwyddi yn dilyn y profiad bythgofiadwy ym mhorth eglwys Talgarth?

Nid di-fudd y dyfalu fel y ceisiaf-i ddangos yn nes ymlaen. Wedi ymadael â Chancefield aeth Price tua'r dwyrain, i Lundain, a chan ymweld ag America. Aeth Williams tua'r gorllewin, 'nôl i Sir Gaerfyrddin, ymlaen wedyn i Geredigion ac i deithio wrth ei waith cenhadol drwy Gymru benbaladr. Chwaraeodd y ddau rannau arweiniol mewn chwyldroadau o fath gwahanol iawn. Ond yr oedd yna dir cyffredin.

Pantycelyn a'r Diwygiad

<u>Cyflwr Cymru</u>
Gwlad ymylaidd orchfygedig oedd Cymru ddechrau'r ddeunawfed ganrif. Cof gwerin a dim mwy oedd ymdrech Owain Glyn Dŵr, dri chant mlynedd ynghynt, i sefydlu gwladwriaeth annibynnol yn meddu ar ei phrifysgolion ei hun. Roedd ei huchelwyr wedi ymddieithrio a llawer o'i deallusion

yn byw y tu hwnt i'r ffin. Y canfyddiad cyffredin oedd bod ei thrigolion yn byw mewn cyflwr o dywyllwch – "mewn rhyw dywyll farwol hun" yng ngeiriau Pantycelyn – a bod mawr angen eu goleuo.

Ac eto roedd yna newid ar droed: masnach ar gynnydd, amaethyddiaeth yn dechrau datblygu, y boblogaeth yn cynyddu – i 500,000 erbyn 1770. Dros gyfnod bywyd Pantycelyn roedd y Chwyldro Diwydiannol, yn y Gogledd-ddwyrain, Abertawe a Blaenau'r Cymoedd, yn dechrau cael ei draed tano ond ar y tir yr oedd mwyafrif llethol y Cymry yn ennill eu tamaid. Tra bod cyfle i rai wella'u stad faterol neu wneud ffortiwn, caled y tu hwnt i'n dychymyg ni heddiw oedd amgylchiadu'r werin bobl, gwledig a diwydiannol fel ei gilydd: oriau hir o lafur diarbed, peryglus yn aml; cartrefi llaith ac afiach; cyfnodau o brinder bwyd os nad newyn; heintiau megis y frech wen; diffyg glanweithdra difrifol. Nid rhyfedd bod marw plant yn gyffredin ac oes dyn yn fyr. Bu Pantycelyn yn hynod ffodus i gael byw yn henwr 74 oed. At hynny, tebyg bod meddwdod yn gyffredin ac ymddygiad, yn y cartref ac yn y stryd, yn aml yn dreisgar. Roedd crogi cyhoeddus yn adloniant poblogaidd. Pan gondemniodd y Ficer Prichard dref Llanymddyfri am ei "bryntni" ganrif ynghynt, mae'n siŵr fod ganddo fochyndra o fwy nag un math mewn golwg.

O fewn y byd caled, cynyddol ansefydlog, hwn y ffrwydrodd efengyliaeth Fethodistaidd i'r wyneb yng Nghymru'r 1730au. Roedd yna wagle yn disgwyl i gael ei lanw: Eglwys Loegr, sefydliad estron, Seisnig, yn esgeuluso'i chyfrifoldeb ysbrydol a chymdeithasol i werin a oedd i raddau helaeth yn uniaith Gymraeg; a'r hen ymneilltuwyr, y "sentars" (Annibynwyr, Bedyddwyr, Presbyteriaid, Undodiaid), yn tueddu i fod yn sych-syber ac yn ymgolli mewn ymrafaelion athrawiaethol astrus.

At ei gilydd, pobl gefnog oedd arweinyddion y mudiad newydd ac fe gawson-nhw nawdd ariannol hael yn ogystal gan ambell i uchelwraig ac uchelwr. Ond trwch y werin ddifreintiau oedd eu targed ac ymhlith y rheini y cyflawnwyd y chwyldro.

<u>Y Profiad Diwygiadol</u>
Doedd dim angen i'r Methodistiaid saernïo neges newydd. Roedd honno ar gael yn y Credo yn Llyfr Gweddi Eglwys Loegr, sef bod Iesu Grist, mab Duw, wedi dod i'r byd, wedi'i groeshoelio, wedi atgyfodi o'r bedd ac esgyn i'r nefoedd lle roedd E'n eistedd mewn gogoniant ar ddeheulaw'r Tad: hyn oll er mwyn achub Dyn rhag drwgeffeithiau'i bechodau. Eithriad prin fyddai'r sawl a heiriai wirionedd y naratif yna.

Yr hyn a wnaeth yr efengylwyr Methodistaidd oedd chwistrellu i'r stori emosiwn angerddol ac argyhoeddiad tanbaid – gwneud y cyfarwydd yn destun rhyfeddod ecstatig ac ar ben hynny yn gwbl berthnasol i dynged yr unigolyn ac i fywyd cymdeithas. I'r sawl a oedd yn barod i wrando, fel y gwnaeth y Williams 20 oed wrth borth eglwys Talgarth, gallai'r effaith fod yn wefreiddiol.

Nid nad oedd codi arswyd ar y gwrandawyr yn rhan bwysig o arfogaeth efengylwyr megis Harris a Rowland a fyddai'n pregethu gyda huodledd nodedig yn yr awyr agored i dyrfaoedd bach a mawr (miloedd weithiau): arswyd a chywilydd ynghylch eu cyflwr pechadurus a dychryn rhag poenau arteithiol tragwyddol uffern.

Serch hynny, gollyngdod a diolchgarwch o dderbyn maddeuant, posibilrwydd "iechydwriaeth" a bywyd tragwyddol, oedd prif fyrdwn y neges. I'r Methodistiaid, gras, rhodd rad Duw i'r sawl a gredai ynddo Fe, ac aberth gwaredigol ei Fab ar y groes, oedd y syniadau allweddol. Doedd dim gobaith i ymdrechion dyn, pa mor rhinweddol bynnag ei fywyd, fyth wneud iawn am lygredigaeth anobeithiol ei natur, ei "bechod gwreiddiol". Gras Duw yn unig a allai ei achub.

Mae Martha Philopur, un o gymeriadau ffuglennol Pantycelyn, yn disgrifio sut, mewn cyfarfod diwygiad, y daeth i "deimlo cariad yr Arglwydd yn llosgi o'm mewn" gan roi "rhyddid i'm nwydau ysbrydol" fel ei bod "yn naturiol i mi weiddi mawl yr Arglwydd… llamu a neidio o orfoledd, yn y fath iechydwriaeth… nas adnabûm erioed o'r blaen".

O gofio mai pobl ifainc ddibriod fyddai mwyafrif mawr cydaddolwyr Martha, a bod yna gofleidio yn ogystal â neidio, mae'n amlwg bod elfen erotig, os nad orgasmig, yn y profiad ysbrydol yma. Pwrpas y diwygwyr fyddai, yng ngeiriau Pantycelyn, "rho[i] fy nwydau fel cantorion oll i chwarae'u bysedd cun/ ar y Delyn sydd yn seinio enw Iesu mawr ei hun".

Hysteria torfol meddech chi, neu'r math o ymateb llesmeiriol sy'n digwydd mewn cyngerdd roc. Rhannol wir wrth gwrs, ond cam cyntaf fyddai'r ecstasis mewn proses raddol o "sancteiddhad", trawsnewidiad yn ansawdd bywyd yr unigolyn a oedd yn foesegol yn ei hanfod, a thrwy hynny, dros amser, drawsnewidiad yng nghyflwr cymdeithas.

<u>Trawsnewidiad</u>
Rhaid trefnu hynny, drwy addysgu. Erbyn 1750 roedd 428 o "seiadau" wedi'u sefydlu ledled Cymru, rhwydwaith o gylchoedd lleol, bob un â'i arolygydd, wedi'u cyfundrefnu o dan y Sasiynau, sef y cyfarfodydd rhanbarthol lle y trefnid

gwaith y Diwygiad. Lluniodd Pantycelyn lawlyfr, *Drws y Society Profiad*, yn rhoi cyfarwyddyd ynghylch gwaith y seiadau, lle byddai'r tröedigion (i) yn adnewyddu'r ecstasis drwy ganu a gweddïo a (ii) yn trafod ystyr eu profiad a'i arwyddocâd i'w bywydau mewnol a chymdeithasol. Hyn oll wrth gwrs yng ngoleuni'r Beibl, yr oedd nifer cynyddol ohonyn yn dod i allu'i ddarllen.

Yn gyfochrog â'r mudiad newydd, yn wir yn rhan integral ohono, cafwyd proses gwbl ryfeddol o ledaenu llythrennedd ymysg gwerin bobl a oedd gynt yn anllythrennog. Offeiriad efengylaidd a chyfaill i'r diwygwyr, Gruffydd Jones o Landdowror, oedd yr ysgogydd a'r trefnydd. Erbyn ei farw yn 1771 roedd rhyw 200,000 o ddisgyblion wedi mynychu ei ysgolion cylchynol, gan wneud y Cymry yn un o bobloedd mwyaf llythrennog Ewrop.

Serch y gweithgarwch hyn i gyd rhyw 8,000 o Fethodistiaid oedd yng Nghymru, o'i gymharu â 25,000 o'r hen ymneilltuwyr, erbyn canol y ganrif.

Wedi'r hyrfa gyntaf roedd twf y mudiad wedi arafu, yn rhannol oherwydd cweryl rhwng Howell Harris a Daniel Rowland. Ymrannodd y mudiad yn ddwyblaid oddeutu'r 1750 ac enciliodd Harris o'r gwaith efengylaidd i sefydlu cymuned Gristnogol yn ei gartref, Trefeca, ac am gyfnod i arwain milisia i gefnogi'r rhyfel yn erbyn Ffrainc. Bu'n ddiwyd mewn arloesi amaethyddol ac economaidd dros y cyfnod hwn.

Yn rhannol drwy ymdrechion Pantycelyn, cymodwyd y ddwyblaid tua'r un pryd ag y cafodd y mudiad impetws newydd yn "niwygiad Llangeitho" 1762. Tyrrodd y miloedd i'r pentref diarffordd hwn ym mherfedd Ceredigion i wrando ar bregethau ysgubol Rowland ac eraill, yn cynnwys Williams – ac i ganu, a chanu a chanu. Diwygiad Llangeitho a drodd fudiad lleiafrifol yn rym cenedlaethol diwrthdro.

Cyfraniad unigryw Pantycelyn i'r ymchwydd yma – cwbl allweddol i'w lwyddiant – oedd ei emynau. Yn 1762 y cyhoeddwyd ei gasgliad rhyfeddol, *Caniadau y rhai sydd ar y Môr o Wydr*. Emynau'r gyfrol hon y byddai torfeydd Llangeitho yn eu canu yn ystod ac wedi'r cyrddau ac wrth i'r mudiad adnewyddedig ymledu fel tân drwy'r wlad.

Gwyddoniaeth ac Efengyliaeth

Mi gawn gyfle yn nes ymlaen i ystyried rhagoriaethau'r emynau ond yn gyntaf rhaid troi'n ôl i ystyried ymdrech fawr Pantycelyn, dros gyfnod cymharol ddigyffro yr Ymraniad, i roi trefn ar ei syniadaeth. Yn syml iawn, y sialens yr oedd rhaid iddo ymgodymu â hi oedd cyfuno a chysoni gwybodaeth newydd y chwyldro gwyddonol â chredo Cristnogaeth draddodiadol ac efengyliaeth. Ffrwyth ei ymdrech – a olygodd, yn ôl ei gyfaill Thomas Charles, waith mor ddiarbed nes amharu ar ei iechyd weddill ei ddyddiau – oedd ei gerdd epig bum mil a hanner o linellau, *Golwg ar Deyrnas Crist*, a gyhoeddwyd yn 1756.

Fe wyddai Pantycelyn am *Philosophiae Naturalis Principia Mathematica* Isaac Newton (a gyhoeddwyd yn Saesneg yn 1728), yr oedd ei syniadau, ynghyd â gwaith y Gymdeithas Frenhinol, erbyn dyddiau ei ieuenctid, yn newid yn y gwraidd ddealltwriaeth cymdeithas o'r bydysawd a byd natur yn gyffredinol. Tebyg y byddai efrydwyr academi Chancefield yn trafod y darganfyddiadau newydd hyn.

Beth bynnag am hynny, y darganfyddiadau yma yw pwnc rhannau helaeth o *Golwg ar Deyrnas Crist*. Mae'r ymdeimlad o ryfeddod ac o barchedig-aeth yn hydreiddio'r disgrifiadau – o'r bydysawd a'i "ehangder heb ddim diwedd, lle heb ddiweddu lle/ Llu heb eu rhifo o fydoedd yn troi o gylch heb ball"; o amrywioldeb diddiwedd planhigion, creaduriaid a thirweddau; ac o gywreinrwydd anatomeg.

Fel i Newton a gwyddonwyr y Gymdeithas Frenhinol, i Bantcelyn roedd y rhyfeddodau yma'n tystio i fodolaeth Creawdwr hollalluog a doeth. Sut gallai hyn oll fod wedi digwydd drwy hap a damwain?

Fodd bynnag, roedd Pantycelyn yn gwahaniaethu oddi wrth Newton ar un mater sylfaenol. Roedd y gwyddonydd yn mynnu nad oedd Duw, wedi'r weithred greadigol gychwynnol, yn ymyrryd fawr ddim yn ei greadigaeth. Yn fwy radical na hynny, roedd eraill o feddylwyr y Goleuo yn dechrau coleddu atheistiaeth.

I Bantycelyn ar y llaw arall, ymyrraeth Duw yn ei fyd, a'i ofal drosto, yn enwedig dros Ddyn, gwrthrych ei gariad dihysbydd, oedd ei orchest fwyaf. A'r ffigwr allweddol yn hyn oll yw Iesu Grist, y Mab, y Gair, y Meseia. Fe bioedd y *Deyrnas* yr aeth Pantycelyn ati i'w chlodfori.

Yr ymgnawdoliad, "undeb rhwng naturiaethau yn un,/ y Gair, y Mab tragwyddol, a Iesu perffaith ddyn", yw conglfaen yr arwrgerdd. Gan ddechrau, cyn bod amser, â Chyfamod y Tri yn Un a wnaed i achub Dyn rhag effeithiau'i anufudd-dod, mae'r bardd yn ein tywys drwy hanes creu'r bydysawd, ei fydoedd a'i bellteroedd annirnad, a'r Ddaear yn ei llawnder amrywiol. Creu Dyn wedyn, yn ddiniwed yn Eden, yna'i Gwymp i bechod, dioddefaint a marwoldeb. Myfyrio o'r newydd wedyn ar y Meseia, ei ofal rhagluniol dros y byd a'i greaduriaid, a'i ddyfod i'r byd hwnnw ar ffurf dyn. Yna, erchylltra anhraethol y Croeshoelio, y "taliad llawn" y cytunodd y Mab iddo yng nghwnsel y Tri yn Un, a'r atgyfodiad a'r esgyniad i'r nef.

Ond mae rhagor i ddod, sef diwedd y bydysawd, y Farn Fawr, a'r saint yn cael eu derbyn i'r nefoedd. A'r cynllun dwyfol wedi'i gyflawni, bydd y cyflwr newydd yn fwy gogoneddus hyd yn oed na'r greadigaeth gyntaf, oherwydd yn y Meseia "disgleirdeb gogoneddus yr hanfod mawr ei hun/ Fydd yn tywynnu allan yn awr *yn natur dyn*". Bydd y natur ddynol a'r natur ddwyfol yn wyrthiol wedi cydasio.

Methiant, yn ôl canllawiau rhesymegol ein hoes ni, yw ymdrech Pantycelyn i gysoni fersiynau'r gwyddonwyr a'r ysgrythurau, ond roedd y ffarmwr o Lanfair ar y Bryn wedi llwyddo yn ei feddwl ei hun i integreiddio dwy ffrwd ddeallusol y cyfnod. Mewn termau artistig mae pensaernïaeth aruthrol yr epig yn cyd-weu'r ddwy stori yn gwbl argyhoeddiadol. Agwedd bwysig ar gamp y bardd yw iddo gyfleu'i weledigaeth aruchelgosmig mewn cyfuniad o Gymraeg llenyddol a thafodiaith gartrefol, liwgar-idiomatig Dyffryn Tywi. Ar dro mae'r fydryddiaeth yn glogyrnaidd ond bryd arall mae'n codi i dir uchel, ac yn ddieithriad mae'r naratif yn gyrru yn ei blaen yn ysgubol-ddeinamig.

Gwerthwyd pob copi o'r argraffiad cyntaf a chafwyd ail argraffiad yn 1764, blwyddyn cyhoeddi ei ail epig, *Bywyd a Marwolaeth Theomemphus*. Ar ôl ymgodymu â chwestiynau mawr y cosmos a lle dynoliaeth o'i fewn, dyma fe'n troi, yn sgil cyffro a phrofiadau diwygiad Llangeitho, at gyflwr a thrawsnewidiad seicolegol unigolyn o ddyn. O'r macrocosmos i'r microcosmos.

Iechydwriaeth

Dadansoddiad trwyadl-fanwl ac angerddol o seicoleg ("enaid" fyddai gair Pantycelyn) unigolyn yw *Theomemphus* ("Ymofynnwr Duw"), wrth iddo gefnu ar fywyd o bechod (cael "tröedigaeth") ac ymroi wedyn weddill ei oes i ymsancteiddio.

Dynoliaeth ar ei gwedd fwyaf gwrthun, yn gwbl hunanganolog ac anystyriol o eraill, yn ymdrybaeddu mewn trythyllwch direolaeth a threisgarwch eithafol, gan grwydro'n aflonydd i holl gyrrau'r ddaear er mwyn boddhau ei chwantau – dyna'r portread o Theomemphus ym mhennod gyntaf y gerdd. Yna mae ymdeimlad o wacter syrffedus yn dechrau ei nychu, ac wrth orfod gwrando ar bregeth Boanerges ("Mab y Daran") mae'n cael ei lethu gan euogrwydd a dychryn ac yn edrych i gyfeiriad Iesu am achubiaeth. Ond dim ond cam cyntaf yn ei dröedigaeth yw hyn.

Mae'n edrych i wahanol gyfeiriadau twyllodrus am ffordd ymwared o'i bicil, ond yn ofer. Dim ond wrth iddo wrando ar Efangelius ("Newyddion Da") yn pregethu am "iachawdwriaeth gyflawn" ac aberth Iesu yn "sugno maes y gwenwyn a rodd y sarff i ni/ ac wrth y gwenwyn hwnnw yn marw ar Galfari" y mae'n gallu profi'r tawelwch mewnol a'r dedwyddwch y mae gras Duw yn eu rhoi.

Mae'r dröedigaeth wedi digwydd – ond ddim yn ddi-droi'n-ôl. Mae Theomemphus yn cael ei lygru gan yr union demtasiynau sy'n codi o'i gyflwr breintiedig yn Gristion newydd-anedig: rhyfyg, hunan-dyb, gorhyder ynghylch ei rinweddau a hoffter o feddiannau materol. Ond mae gras Duw yn ei oleuo o'r newydd ac yn ennyn edifeirwch dwys. Fodd bynnag, mae temtasiynau pellach i ddod: ei draserch erotig at Philomena; yr awgrym bod ymwrthod â moethau'r byd yn fath o eithafiaeth grefyddol; y duedd i gynhenna ynghylch gwahaniaethau athrawiaethol ac i bwyso'n ormodol ar ddysg. Rhaid iddo ddysgu goddef ei gamdrin gan ei wraig a chamymddygiad ei blant.

Drwy'r holl helbulon hyn cynyddu mewn sancteiddrwydd y mae Theomemphus. Pan ddaw Angau ar ei warthaf, mae'n dod drwy'r gwewyr dechreuol o ddychryn ac anghrediniaeth gan alw i gof "glwyfau Mab y Dyn/ a goncrodd Angau'n hollol wrth ddiodde' angau'i hun". Mae wedi ennill iechydwriaeth, wedi'i baratoi i ymuno â'r saint – "yng nghanol myrdd myrddiynau, yn caru oll heb drai,/ Yr anthem ydyw cariad, a chariad i barhau".

Yn ystod diwygiad Llangeitho yn enwedig roedd Pantycelyn wedi craffu ar hynt a helynt, twf a gwrthgiliad, llawer o'r tröedigion. Ymdrech i olrhain y datblygiadau yna a chynnig cynghorion i'r tröedigion yw *Theomemphus*.

<u>Twf a Thrawsffurfiad</u>

Aeth y mudiad ailwefredig – yn wyneb cryn watwar ac erledigaeth, rhaid nodi – o nerth i nerth. Erbyn marw Pantycelyn yn 1791, o fewn ychydig fisoedd i'w gyfaill agos Daniel Rowland, roedd y Methodistiaid yn rym yn y tir ac wedi codi 136 o gapeli, serch eu bod yn dal i gymuno yn Eglwys Loegr. Yn 1811 cychwynnwyd y broses o sefydlu Methodistiaid Calfinaidd Cymru yn gorff cenedlaethol annibynnol. Fe'i hadeiladwyd ar sail democratiaeth gynrychioliadol ac yn raddol datblygodd ei system addysg ei hun, o'r blynyddau cynnar i'r lefel uwch. Erbyn canol y 19feg ganrif y Methodistiaid oedd yr enwad anghydffurfiol cryfaf.

Ers tro, roedd efengyliaeth y Methodistiaid wedi dylanwadu

ar ddiwylliant a dulliau'r hen ymneilltuwyr. Yn gynyddol daethpwyd i ddisgrifio'r enwadau oll fel "Anghydffurfwyr" o'u cyferbynnu â'r Eglwys Loegr sefydledig. Erbyn canol y 19eg ganrif Anghydffurfwyr oedd 80 y cant o addolwyr Cymru. O gymryd mai rhyw 40 y cant o'r boblogaeth (1,163,139) a oedd yn mynychu lle o addoliad, dyna i chi 372,204,48 o Anghydffurfwyr – ac roedd eu dylanwad yn gwbl anghymesur â'u niferoedd. Yn hyn, roedd y sefyllfa yng Nghymru yn wahanol iawn i Loegr lle daliodd yr Eglwys Wladol ei thir i raddau helaeth er gwaethaf twf Methodistiaeth Wesleaidd.

Meddai'r hanesydd Marcsaidd Gwyn A Williams, "Daeth cenedl a oedd, oddeutu'r 1790, yn dal yn swyddogol yn Doriaidd ac Anglicanaidd, dros ychydig yn fwy na chenhedlaeth, yn bobl, Anghydffurfiol ar y cyfan, o dueddiad cynyddol radicalaidd. Dyma un o'r trawsffurfiannau diwylliannol rhyfeddaf yn hanes unrhyw bobl."

Hoff ffurf gelfyddydol y genedl hon yn ddiamheuol oedd yr emyn, a'r emynau mwyaf poblogaidd o bell ffordd oedd eiddo William Williams Pantycelyn, eicon cenedlaethol nid llai.

Mater cymhleth yw pwyso a mesur cyfraniad Anghydffurfiaeth i syniadaeth wleidyddol yng Nghymru, ond yn ail hanner y 19eg ganrif cafodd ei huniaethu i raddau llethol â'r Rhyddfrydiaeth a'r traddodiad radicalaidd ehangach a ddylanwadodd yn ei dro yn arwyddocaol iawn ar hynt gwleidyddol Prydain gyfan.

Deg o Emynau

Rwyf am fynd ati nawr i gynnig dehongliad o rai o emynau Pantycelyn, cerddi rhagorol iawn bob un. Does dim modd i fi, mwy na'r mwyafrif mawr ohonoch chithau, rannu diwinyddiaeth Williams, ond o ystyried y cerddi yma mewn termau symbolaidd-fetafforaidd tybed na allan-nhw lefaru'n rymus wrthon-ni o hyd?

<u>Rhai sylwadau cyffredinol i ddechrau.</u>
Er mwyn gwerthfawrogi'r cerddi rhaid bod yn ymwybodol o'r cyfeiriadau ysgrythurol sy'n eu hydreiddio. Roedd Pantycelyn, wrth gwrs, wedi'i drwytho yn y casgliad anhygoel o lyfrau a alwn ni yn Feibl. Roedd yr un peth yn wir, i raddau amrywiol ond yn gynyddol, am ei gynulleidfa, wrth iddyn-nhw ddod yn llythrennog ac yn ddarllengar, diolch i waith arloesol Gruffydd Jones. Nid yn unig bod y delweddau Beiblaidd yn trydanu'r emynau ond bod y werin bobl a oedd yn eu canu yn cael eu hatgoffa'n barhaus o gyfoeth rhyfeddol y mythos Iddewig-Gristnogol, ei syniadaeth a'i werthoedd. Roedd yr emynau yn llwythog o ystyron amlhaenog.

Wrth ganu er enghraifft am y "nefol addfwyn Oen" (emyn VIII) byddai'r cantorion yn cael eu hatgoffa am yr arfer Iddewig o offrymu oen adeg y Pasg, am eiriau efengyl Ioan, "Wele Oen Duw, yr hwn sydd yn tynnu ymaith bechodau y byd", ac am safle canolog yr Oen yng ngweledigaeth apocalyptaidd Llyfr y Datguddiad am ddiwedd amser. O'r Datguddiad hefyd (Pennod 15) y cymerodd Pantycelyn deitl ei gyfrol *Caniadau y rhai sydd ar y Môr o Wydr.*

O blith yr holl ddelweddau Beiblaidd sy'n britho'r

emynau y mwyaf arwyddocaol yw'r daith drwy'r anialwch. Yr hanes am yr Israeliaid yn dianc o gaethiwed yr Aifft, am eu harweinydd Moses yn eu tywys, er gwaethaf pob math o beryglon a dioddefiadau, drwy'r anialwch am ddeugain mlynedd nes croesi afon Iorddonen a meddiannu gwlad yr addewid, yw myth seiliol y genedl Iddewig. Mae Pantycelyn yn trin y myth fel metaffor am daith bywyd, am drallodion y Cristion yn y byd a'r gobaith am wynfyd yn y nefoedd. Ond byddai ei gynulleidfa wrth ganu, lawn cymaint ag yntau, yn galw i gof y stori fawreddog wreiddiol yn llyfrau cynta'r Beibl, o Ecsodus i Josua.

Thema waelodol y stori yw dianc o gaethiwed i ryddid, thema sy'n cael ei hatgyfnerthu yn yr hanes am y gaethglud ym Mabilon ac am ryddid y saint yn y nefoedd yn Llyfr y Datguddiad.

Thema hydreiddiol arall sy'n tarddu o ddysgeidiaeth John Calfin yw'r cyferbyniad rhwng cyflwr anobeithiol, llygredig Dyn ar y naill law a'r posibilrwydd iddo, drwy ras Duw (y mae'n gwbl ddibynnol arno), gyrraedd stad o iechydwriaeth a sancteiddrwydd ar y llaw arall. Mae hyn i'w weld yn adeiladwaith rhai o'r cerddi, sy'n symud o rwystredigaeth dywyll a diflastod ar y dechrau i lawenydd dyrchafedig ar y diwedd.

Yr hyn a wnaeth y diwygwyr Methodistaidd oedd troi athrawiaeth ddiwinyddol yn brofiad personol byw i'r unigolyn. Mae pob un o'r cerddi yma ac eithrio un (rhif VIII) yn cyfarch Iesu/Duw yn yr ail berson unigol – "Ti". Maen-nhw'n sicr yn mynegi profiad personol Pantycelyn ei hun ond yn galluogi'r gynulleidfa i rannu yn y profiad personol hwnnw, yn unigol, a thrwy'r cydganu, yn dorfol hefyd.

Ymhellach, mae'n drawiadol sawl un o'r deg emyn yma (rhifau II, IV, VI a VII yn enwedig) sydd â'u golwg tua'r wybren, yr awyr uwch ben. Roedd yn naturiol i'r Cristion efengylaidd fod â'i olwg tua'r nefoedd (yn yr ystyr goruwchnaturiol) ond tybed nad oes a wnelo astudiaethau Pantycelyn o'r gofod, y sêr a'r planedau, wrth iddo baratoi ar gyfer cyfansoddi *Golwg ar Deyrnas Crist*, rywbeth â'r peth? Gallaf ddychmygu'r bardd-ffarmwr ar glos neu gaeau Pantycelyn ar noson serlog, glir, yn syllu tuag i fyny, wedi'i gyfareddu gan brydferthwch llachar y Llwybr Llaethog a meithder pellterau'r gofod, ac yn dwysfyfyrio ar ystyr y cyfan.

Pwysicach na braidd dim arall yw lle canolog Iesu. Mi geisiaf ddistyllu rhywfaint o gyfoeth amlweddog y portread ohono yn nes ymlaen.

* * *

Ond gadewch i ni droi yn gyntaf at gerdd weddol gynnar, a gyfansoddwyd pan nad oedd Pantycelyn ond megis dechrau, efallai, astudio cosmoleg Newton.

I

Yn Eden, cofiaf hynny byth,
Bendithion 'gollais rif y gwlith, –
Syrthiodd fy nghoron wiw;
Ond buddugoliaeth Calfari
Enillodd hon yn ôl i mi, –
Mi gana' tra fwy' byw.

> Ar Galfari, yng ngwres y dydd,
> Y cawd y gwystyl mawr yn rhydd
> Trwy golli gwaed yn lli';
> 'N awr dim heb dalu, rhoddwyd Iawn
> Nes clirio llyfrau'r nef yn llawn,
> Heb ofyn dim i mi.
>
> Ffydd! dacw'r man, a dacw'r pren
> Yr hoeliwyd arno D'wysog Nen
> Yn wirion yn fy lle;
> Y ddraig a sigwyd gan yr Un,
> Cans clwyfwyd dau, concwerodd Un,
> A Iesu oedd Efe.
>
> (*Hosanna i Fab Dafydd*, 1754)

Dyma gerdd ddwys-ddramatig sy'n crynhoi mewn cwta dri phennill y dehongliad Cristnogol uniongred o hanes dynoliaeth, o'i chreu, trwy'i chwymp i gyflwr o bechod ac yna ei hachubiaeth drwy aberth Mab Duw yn gwneud iawn am ei hanufudd-dod cywilyddus. Yma mae'r esgyniad o anobaith i fuddugoliaeth yn digwydd ym mhob pennill.

Yn gyntaf, dyna'r ymdeimlad enbyd o golled drwy i Ddyn syrthio o berffeithrwydd ("fy nghoron wiw") i bechod. Yna'r canu ecstatig am aberth Calfaria yn adfer y cyflwr bendigaid cychwynnol yn llwyr ac yn gyfan gwbl.

Yn ail, wedi'r cameo o'r dioddefaint "yng ngwres y dydd", dyma gyfeirio at Grist fel gwystl. Mewn anghydfod rhwng dau barti, bydd y naill yn rhoi gwystl i'r gwrthwynebydd yn warant y cadwith y parti cyntaf at ei air. Os na ddigwydd hynny caiff y gwystl ei ladd. Yn yr achos yma y parti gwrthwynebol (Dyn) sy'n torri'r cytundeb ac yn lladd y gwystl (Iesu) heb reswm a hwnnw, drwy'i barodrwydd i farw, yn sicrhau maddeuant i Ddyn gan Dduw. Wedyn, trwy atgyfodi, mae'n trechu angau, yn dod "yn rhydd", nid er ei fwyn ei hunan yn unig, ond er mwyn yr union rai a'i lladdodd. Mae'r ystumiad yma o'r drefn gyfreithiol arferol yn darlunio rhyfeddod a dirgelwch y modd y mae Duw yn achub Dyn. Dyma athrawiaeth yr Iawn: Iesu yn gwneud iawn am bechodau Dyn ac yn setlo'r gwrthdaro enbyd rhwng cyfiawnder a thrugaredd.

Ac yna, yr alwad ar y credadun i syllu ar ("dacw'r man, a dacw'r pren") ac amsugno paradocs rhyfedd hoelio Tywysog Nen ar groesbren gan yr union rai y mae wedi dod i'r byd i'w hachub, cyn y llawenhau yng nghoncwest y dioddefydd ar rymoedd drygioni ("y sarff", Satan). Ac i gloi'r cyfan yr ebychiad syn – "A Iesu oedd Efe" – yn daearu athrawiaeth mewn person o gig a gwaed, gwrthrych edmygedd a chariad y bardd.

Mae'r gerdd yn gampwaith o fynegiant cynhwysfawr, cywasgedig, cignoeth.

* * *

Emynau a fyddai'n cael eu canu yng ngwres brwdfrydig diwygiad Llangeitho (1762) yw'r tri nesaf. Fesul pennill, mae'n debyg, y byddai'r tyrfaoedd yn eu dysgu a'u canu, a'r mwyafrif heb gopïau yn eu dwylo. Hawdd dychmygu, wrth graffu arnynnhw, lawenydd heintus y cantorion a'r dyblu, dro ar ôl tro, ar linellau megis pedair llinell olaf pennill cyntaf yr emyn nesaf yma:

II

O! am nerth i dreulio'm dyddiau
Yng nghynteddoedd tŷ fy Nhad;
Byw yng nghanol y goleuni,
Tywyllwch obry tan fy nhra'd;
Byw heb fachlud haul un amser,
Byw heb gwmwl, byw heb boen,
Byw ar gariad anorchfygol
Pur y croeshoeliedig Oen.

Dyro olwg ar dy haeddiant,
Golwg ar dy deyrnas rad,
'Brynwyd i mi ac a seliwyd,
Seliwyd i mi â dy wa'd:
Rho i mi gyrchu tuag ati,
Peidio fyth â llwfwrhau
Ar fy nhaith, ni cheisiaf gennyt
Ond yn unig dy fwynhau.

Ac ni cheisiaf drysor arall
Ond Tydi, tr'wy' yn y byd;
'R wyt Ti'n ddigon byth dy hunan,
Dim ond Ti a lanw'm bryd:
Nid oes cystudd fyth 'wna'r niwed
Pan bwy'n pwyso ar dy rym;
Hebost, nid oes rwyd gan Satan
Na wna'n rhywfodd niwed im.

Gyda Thi mi af trwy'r fyddin,
Gyda Thi mi af trwy'r tân;
Nid ofna' i ymchwydd yr Iorddonen
Ond i Ti fynd o fy mla'n;
Ti yw'm hamddiffynfa gadarn,
Ti yw 'Mrenin a fy Nhad;

Ti dy hunan oll yn unig
Yw fy iechydwriaeth rad.

(*Môr o Wydr*, 1762)

Yr ebychiad cyfarwydd "O!" i gychwyn, yn mynegi'r cyfuniad o rwystredigaeth, dyhead ac ymgyrraedd sy'n nodweddu'r emyn. Yma mae'r dyheu am gael gweld y byd o bersbectif y nefoedd, "tŷ fy Nhad" (cyfeiriad at Efengyl Ioan, 14. 2), nid er mwyn dianc ond er mwyn "treulio 'nyddiau" yng ngoleuni'r persbectif hwnnw. Ers paratoi ar gyfer cyfansoddi *Golwg ar Deyrnas Crist* (sylwer ar yr adlais ar ddechrau pennill 2) fe wyddai Williams y byddech, o ddringo'n ddigon uchel i'r gofod, "yng nghanol y goleuni", uwch law tywyllwch a chwmwl, "heb fachlud haul un amser" – profiad gwir ddyrchafedig.

A byddai tröedigion Llangeitho hwythau yn cael eu dyrchafu, i fyw gyda dwysedd ymwybyddiaeth cwbl newydd. "Byw" yw'r gair allweddol, a hwnnw'n cael ei ailadrodd bum gwaith nes cyrraedd uchafbwynt yn hanfod ystyr eu ffydd, egwyddor lywodraethol bydysawd Pantycelyn: "cariad anorchfygol/ Pur y croeshoeliedig Oen".

Mae "croeshoeliedig" yn ein tynnu i lawr i realiti bywyd "obry" erbyn yr ail bennill. Dim ond drwy ddioddefaint a gwaed y Meseia y gallwn-ni haeddu'r fath fywyd. Peth i "gyrchu ato", taith i'w thramwyo heb "lwfwrhau", yw-e.

Ond yn wahanol i drysor daearol y cybydd (pennill 3), yr hyn sy'n llanw bryd y pererin o Gristion yw'r trysor ysbrydol sy'n ei ddiogelu "tr'wy' yn y byd" yn wyneb cystudd, ac yn ei ryddhau o rwydau Satan.

Yn y pennill olaf, dyma'r "nerth" yr oedd y bardd yn

ymgyrraedd ato yn y llinell gynta'n deg yn dod yn brofiad deinamig, real: nerth yn wyneb pob gelyn a phrofedigaeth, yn wyneb angau ei hun. Yma "Ti" yw'r gair allweddol i'w ailadrodd, chwe gwaith y tro hyn. Iesu yw'r "amddiffynfa gadarn" a'r "brenin" sy'n ei rheoli, ac yn dynerach, gan adleisio'r agoriad, "fy Nhad" hefyd.

Trawiadol, nodweddiadol o Bantycelyn ac angenrheidiol i'r dystiolaeth Gristnogol, yw cydblethu llawenydd ac ymdrech, gwerthoedd aruchel y nefoedd a sialens ymarferol y byd hwn.

* * *

Hynny a welwn-ni hefyd yn yr emyn nesaf, ond gan ddechrau yn y gwaelodion.

III

> Arglwydd, arwain trwy'r anialwch
> Fi, bererin gwael ei wedd,
> Nad oes ynwy' nerth na bywyd,
> Fel yn gorwedd yn y bedd:
>   Hollalluog
> Ydyw'r un a'm cwyd i'r lan.
>
> Myfi grwydrais hir flynyddau,
> Ac heb weled codi'r wawr;
> Anobeithiais, heb dy allu,
> Ddod o'r anial dir yn awr:
>   Dere dy hunan,
> Dyma'r pryd y dof i maes.

Rho'r golofen dân i'm harwain,
A'r golofen niwl y dydd;
Dal fi pan bwy'n teithio'r mannau
Geirwon yn fy ffordd y sydd;
Rho i mi fanna,
Fel na bwyf i lwfwrhau.

Agor y ffynhonnau melys
Sydd yn tarddu o'r graig i ma's;
'R hyd yr anial mawr canlyned
Afon iechydwriaeth gras;
Rho i mi hynny,
Dim i mi ond dy fwynhau.

Pan bwy'n myned trwy'r Iorddonen,
Angau creulon yn ei rym,
Ti est trwyddi gynt dy hunan,
Pam yr ofna' i bellach ddim?
Buddugoliaeth!
Gwna i mi weiddi yn y llif.

Mi ymddirieda' yn dy allu,
Mawr yw'r gwaith a wnest erioed;
Ti gest angau, Ti gest uffern,
Ti gest Satan dan dy droed:
Pen Calfaria,
Nac aed hwnnw byth o'm cof.

(*Môr o Wydr*, 1762)

Taith plant Israel o'r Aifft drwy anialwch Sinai tua gwlad yr addewid yw'r ddelwedd lywodraethol gydol y gerdd: yr "hir flynyddau" o grwydro; y golofn dân y nos a'r golofn niwl y dydd y mae Duw wedi'u gosod yn y ffurfafen i'w tywys;

y manna boreol sy'n eu bwydo; cyhuddiadau'r bobl bod Moses wedi'u harwain ar gyfeiliorn a'r hancro am ddiogelwch cymharol caethiwed; y dŵr yn tarddu'n wyrthiol o'r graig (y "ffynhonnau melys") ac yn diwallu eu syched; ac o'r diwedd croesi'r Iorddonen yn fuddugoliaethus i'r Ganaan addawedig. Wedi'u plethu i mewn i'r naratif yna mae'r delweddau o ddioddefaint Crist ar y groes, ei gladdu a'i atgyfodi, ac o'r tywyllwch cyn i'r wawr dorri.

Metaffor, cyfarwydd iawn, am bererindod y Cristion drwy'i fywyd, yr anawsterau a'r anobaith cyfnodol, yw taith yr anialwch wrth gwrs.

Delwedd iasoer y pererin "fel yn gorwedd yn y bedd" sy'n gosod cywair y ddau bennill cyntaf: tywyllwch dudew a llesgedd llwyr – adlewyrchiad efallai o dueddiad Pantycelyn tuag at iselder ysbryd neu gyfeiriad at farweidd-dra Methodistiaeth drwy gyfnod yr Ymraniad, cyn diwygiad Llangeitho. Yna'r ymbil ddiwedd yr ail bennill ("Dere dy hunan") am i Dduw gynnig ffordd maes o'r anialdir.

Mae'r pererin yn gwybod at bwy y mae troi, ac mae'r delweddau sy'n arwyddo presenoldeb Duw ym mhenillion 3 a 4 (y colofnau yn yr awyr a'r ffynhonnau melys yn gorlifo drwy'r sychdir yn "afon iechydwriaeth gras") yn codi'i ysbrydoedd.

Erbyn pennill 5 mae'r ofnau'n diflannu a'r pererin yn gweiddi buddugoliaeth hyd yn oed yng nghanol llif bygythiol yr afon.

A dyma ni at ymddiriedaeth hyderus lwyr ym mhennill 6. Sylwer ar bwyslais y gair "Mawr" ar ddechrau llinell, ac ailadrodd "Ti gest" dair gwaith i gyfleu camp nerthol Iesu yn trechu grymoedd y fall. Mae golygon y bardd tua'r awyr fry erbyn hyn ond yr hyn sy'n llanw ffrâm ei welediad yw Bryn Calfaria – Iesu yn hongian ar groes. Dim ond yr aberth eithaf hwnnw allai fod wedi cyflawni'r gamp.

Ai rhywbeth yn seicoleg Pantycelyn sy'n cael ei fynegi drwy symudiad y gerdd yn raddol-fyfyrgar o anobaith i orfoledd? Neu rywbeth yn amgylchiadau'r cyfnod? Y ddau efallai. Yr hyn sy'n sicr yw ei fod yn mynegi persbectif Calfiniaeth efengylaidd a'i phwyslais ar gyflwr anobeithiol Dyn ar y naill law a dichonoldeb iechydwriaeth drwy ymyriad gras oddi uchod ar y llaw arall. Dychmygwch dröedigion Llangeitho yn dyblu'r llinellau pedair sillaf, "Hollalluog", "Dere dy hunan", "Buddugoliaeth" ac ati, dro ar ôl tro...

* * *

Byddai digon o gyfle i ddyblu'r gân yn yr emyn nesaf hefyd, yn enwedig y gair allweddol yn y pennill olaf.

IV

Mae fy nghalon am ehedeg
Unwaith eto 'fyny fry,
I gael profi'r hen gymdeithas
Gynt fu rhyngwy' a Thydi:
Mi [a] grwydrais anial garw,
Heb un gradd o olau'r dydd;
Un wreichionen o dy gariad
Wna fy rhwydau oll yn rhydd.

Nid rhaid imi guddio'th gariad,
Fel cariadau gwag y byd;
Mi gyhoedda' o flaen y werin
Dy fod wedi dwyn fy mryd.

> Mae dy enw mawr mor werthfawr,
> Ni ch'wilyddia' ohono mwy;
> Mae dy gariad pur mor gryfed,
> Anorchfygol yw ei glwy'.
>
> Pe bai'r holl gystuddiau mwya'
> Yn gwasgu ar fy enaid gwan,
> A'r gelynion oll yn rhwystro
> 'R nefol dân i godi i'r lan:
> Pan ddechreuodd, nid oes terfyn,
> Cadarn natur cariad yw
> Sydd yn ddistaw fynd â'r enaid
> Ohono ei hun i fynwes Duw.
>
> Mae fy nghalon yn sgrifennu,
> Ac yn adrodd wrth ei hun,
> Enw hyfryd a rhinweddol
> Duw yn gwisgo natur dyn;
> Iechydwriaeth, iechydwriaeth,
> Iechydwriaeth werthfawr lawn
> Ydyw enw fy Ngwaredwr
> Genny' o fore hyd brynhawn.
>
> (*Môr o Wydr*, 1762)

Cerdd gymhleth-gywrain yw hon, yn pendilio rhwng y cyhoeddus a'r mewnol, y gweladwy a'r cyfrin. Mae hyn yn cael ei adlewyrchu yn y delweddau metafforaidd sydd wedi'u gwau drwyddi: aderyn yn hedfan, anialdir tywyll ac wybren olau, tân a serch erotig. Grym iachaol cariad Iesu, "Duw yn gwisgo natur dyn", yw'r thema.

Cystal dechrau gyda'r ail bennill sy'n cyfeirio at weithgarwch heriol y pregethwr efengylaidd. Roedd angen gwroldeb o fath go anghyffredin i annerch tyrfa afreolus yn yr awyr agored, i rybuddio am effaith bucheddau pechadurus y bobl a'u hannog i newid eu holl ffordd o fyw. Peth cyffredin oedd i Williams, Harris a'r lleill gael eu heclo a'u gwatwar, eu bygwth yn gorfforol hyd yn oed, mewn ymdrech i gau'u cegau a "rhwystro'r nefol dân i godi i'r lan" (pennill 3). Ond mae'r bardd yma yn benderfynol o gyhoeddi cariad Duw at ddynion "o flaen y werin". Yn wahanol i gariad cnawdol y mae angen weithiau ei gadw'n guddiedig, rhaid datgan heb ronyn o gywilydd "Dy fod wedi dwyn fy mryd". Mae clwyf y cariad yma, yn wahanol i glwyf serch arferol, yn "anorchfygol".

Ond i gael nerth i wynebu'r her, rhaid adnewyddu'r berthynas â'r Duw-ddyn, y "gymdeithas gynt fu rhyngwy' a Thydi". Mae'r pennill cyntaf yn cymharu hynny ag aderyn (ehedydd efallai) sydd wedi dianc o "rwydau" ei gaethiwed, gan "ehedeg… 'fyny fry" ymhell uwch law "anial garw" bywyd bob dydd. Digon oedd "un wreichionen o dy gariad" i losgi'r rhwydau a gollwng yr aderyn (calon y bardd) yn ogoneddus rydd.

O'r cyhoeddus at y cyfrin yn ail ran pennill 3. Cadarn yw natur cariad Iesu ond yn ddistaw breifat, heb orfodaeth, "ohono ei hun", y mae'n "mynd â'r enaid", fel y mae'r sawl sydd mewn cariad yn tynnu at wrthrych ei serch, i "fynwes Duw".

Ac fel y mae'r clwyfedig o serch yn ailadrodd ac yn ysgrifennu enw'i gariad dro ar ôl tro, felly hefyd y mae "calon" y bardd-efengylydd yn ailadrodd enw ei waredwr. "Iechydwriaeth", ffrwyth yr ymsancteiddio sy'n canlyn y dröedigaeth yr oedd cynulleidfaoedd Llangeitho am ei phrofi, yw'r enw hwnnw, i'w ailadrodd yn ecstatig dro ar ôl tro.

* * *

Mae naws, os nad neges, yr emyn nesaf yn go wahanol.

V

Cymer, Iesu, fi fel ydwyf,
Fyth ni alla' i fod yn well;
Dy allu Di a'm gwna i yn agos,
Fy ewyllys i yw mynd ymhell;
Yn dy glwyfau
Bydda' i'n unig fyth yn iach.

Mi ddiffygiais teithio'r crastir
Dyrys anial wrthyf fy hun;
Ac mi fethais â choncwerio
O'm gelynion lleiaf, un;
Mae dy enw
Yn abal rhoddi'r cryfa' i ffoi.

Gwaed dy groes sy'n codi 'fyny
'R eiddil yn goncwerwr mawr;
Gwaed dy groes sydd yn darostwng
Cewri cedyrn fyrdd i lawr;
Gad im deimlo
Awel o Galfaria fryn.

Mwy yw dy eiriau ar y croesbren,
Geiriau gwerthfawr, geiriau drud;
Mwy yw'r sillaf leia' o honynt
Na'm holl ddyletswyddau i gyd;
'Drychaf yno,
Yno mae fy nerth a 'ngrym.

Clywed dy riddfannau chwerwon
Wnaiff i'm henaid lawenhau;
Teimlo'th gariad wna i'm gelynion

> Cynddeiriocaf lwfwrhau:
> Yna, yna
> Mae fy nhrigfa fyth i fod.
>
> (*Ffarwel Weledig*, 1763)

Yma eto fe welwn-ni'r esgyniad cyfarwydd o ofid i hyder, ond yn yr emyn yma pell iawn o fod yn hwyliog yw'r daith. Mae yma ryw aflonyddwch anesmwyth yn yr ymgodymu caled rhwng enbydrwydd bywyd ar y naill law a'r modd o wneud synnwyr cysurlon ohono ar y llall. Mae gelynion a bygythiadau ar bob llaw serch bod modd eu trechu. Mae'r ymdrech feddyliol galed yn cael ei mynegi drwy baradocsau: clwyfau yn rhoi iechyd; gwaed y groes, arwydd y gwendid eithaf, yn gwneud "yr eiddil yn goncwerwr mawr" ac yn "darostwng cewri cedyrn fyrdd"; "griddfannau chwerwon" yn gwneud "i'm henaid lawenhau".

Brwydr fewnol yw'r man cychwyn: cydnabod tuedd anochel ewyllys wrthnysig dyn i ymbellhau oddi wrth ddaioni er gwaethaf gallu digamsyniol Duw i'w "[wneud] yn agos". Gwrthgyferbyniad croestynnol Ti a fi. Nid yn unig y mae anialdir yr ail bennill yn gras, yn codi syched ofnadwy, ond mae'n ddyrys hefyd. Ble mae troi, sut mae dianc?

Gwir bod trobwynt sydyn yn nwy linell olaf yr ail bennill a bod rhythmau cadarn y trydydd pennill, o leiaf fel y bydd corau meibion yn ei ganu, yn ennyn hyder ond rhaid para, yn dilyn ailadrodd "gwaed dy groes", i syllu ar ddioddefaint ingol, y tro hyn yn saith ymadrodd Iesu yn ei ddioddefaint.

Byddai cynulleidfa Pantycelyn yn eu cofio, ac fe'u cewch chithau nhw drwy gwglo, yn cynnwys y "gwerthfawr" ("O Arglwydd, maddau iddynt, canys ni wyddant pa beth y maent yn ei wneuthur") a'r "drud" ("Fy Nuw, fy Nuw, paham y'm gadewaist!", "y mae syched arnaf", a "Gorffennwyd"). Pwyslais wedyn ar ba mor druenus o annigonol yw ymdrechion gorau dyn (ei "holl ddyletswyddau i gyd") mewn cymhariaeth. Dim ond drwy syllu ar yr artaith – "'Drychaf yno" – y mae modd cael nerth i ddioddef a grym i weithio.

Yn y pennill olaf, serch y llawenhau a "theimlo'th gariad", mae'r griddfannau i'w clywed a'r gelynion yn gynddeiriog, er yn "llwfwrhau".

Oes, mae yma fuddugoliaeth ond go brin ei fod yn ecstatig. Brwydr allanol ("gelynion") a mewnol ("fy ewyllys i") yw'r gefnlen.

* * *

Gweledigaeth loyw am gyrraedd cyflwr uwch sy'n nodweddu'r emyn nesaf, a hynny tra'n ymdeimlo'n gryf â dryswch ac anawsterau.

VI

O! Sancteiddia f'enaid, Arglwydd,
Ym mhob nwyd, ac ym mhob dawn;
Rho egwyddor bur y nefoedd
Yn fy ysbryd llesg yn llawn;
N'ad fi grwydro
Draw nac yma o fy lle.

Llwybyr cul gwna yn llwybyr esmwyth,
Tyle serth yn wastad iawn,
Cyfyngderau chwith a chroesau
O ddiddanwch pur yn llawn;
Edrych trwyddynt
I fynyddau tŷ fy Nhad.

Ti dy hunan all fy nghadw,
Rhag im wyro ar y dde,
Rhedeg eilwaith ar yr aswy,
Methu cadw llwybrau'r ne';
O! tosturia,
Mewn anialwch 'r wyf yn byw.

Planna'r egwyddorion hynny
Yn fy enaid bob yr un,
Ag sydd megis peraroglau
Yn dy natur Di dy Hun:
Blodau hyfryd
Fo'n disgleirio dae'r a nef.

Fel na chaiff o'r pechod atgas,
Mwg na tharth o'r pydew mawr,
I fy nallu ar y llwybyr,
Na fy nhaflu fyth i lawr;
Gwna 'mi gerdded
Union ffordd wrth olau dydd.

(*Ffarwel Weledig*, 1769)

Myfyrio dwys ar broses sancteiddio, sy'n dilyn tröedigaeth ac yn rhagamod iechydwriaeth, yw thema'r gerdd yma.

Wrth fyfyrio felly, a gwahodd y gynulleidfa o gantorion i wneud yr un modd, mae Pantycelyn yn cydblethu amryw gyfeiriadau ysgrythurol i lunio cyfres o ddarluniau amlweddog-gyfoethog: y daith drwy'r anialwch; addewid cysurlon y proffwyd Eseia (pennod 40) y gwneir bryniau a phantiau yn wastadedd dirwystr pan ddaw'r Meseia; rhybudd Iesu yn ei Bregeth ar y Mynydd, craidd ei ddysgeidiaeth (Matthew 5–7) y rhaid cadw at y llwybr cul er mwyn cael mynediad i deyrnas nefoedd; y perygl y daw "mwg a tharth" o "bydew mawr" uffern (Datguddiad 9.2) i'w rhwystro rhag gwneud hynny; a gweledigaeth Salm 40 am "gyfod[i] o'r pydew erchyll".

Mae'r llinellau cyntaf yn cyferbynnu llesgedd ysbryd y creadadun â'r dyhead rhwystredig ("O!") am sancteiddhad y bersonoliaeth gyfan, yn gorfforol ("nwydau") ac ymenyddol ("doniau"). "Egwyddor bur y nefoedd" yw'r unig allwedd i hynny.

Cyn ymhelaethu ar honno fodd bynnag, rhaid troi at baradocsau "llwybr cul" a ddaw, yn ôl proffwydoliaeth Eseia, yn "esmwyth", y "tyle serth [sy'n] wastad iawn" a holl gyfyngderau'r anialwch yn llawn "diddanwch pur". Iesu – "Ti dy hunan" – sy'n troi'r broffwydoliaeth yn realiti ac yn galluogi'r teithiwr i gadw at lwybr cul sancteiddhad.

A dyma ni at yr "egwyddorion". Nid materion sych-athrawiaethol mo'r rhain ond pethau byw, fel blodau'n cael eu plannu mewn gardd. Rhaid trawsblannu'r egwyddorion "ag sydd megis peraroglau" yn natur Iesu ei Hun a'u mewnoli yn enaid y credadun er mwyn ei sancteiddio. Mae'r effaith yn syfrdanol. Mae ei holl bersbectif yn cael ei weddnewid: y Ddaear hon a'r cosmos i gyd yn ddisglair o flodau. Mae fel pe bai bywyd yn y byd a'r bydysawd oll wedi'i sancteiddio.

Beth yw'r egwyddorion yma? Mae Salm 85, y gwyddai'r bardd yn iawn amdani wrth gwrs, yn eu rhestru, yn tarddu yn gnwd o'r ddaear ac yn "edrych i lawr o'r nefoedd": "trugaredd a gwirionedd a ymgyfarfuant; cyfiawnder a heddwch a ymgusanasant". Yn y Bregeth ar y Mynydd rhoi'r egwyddorion ar waith sy'n bwysig – "wrth eu ffrwythau" y mae adnabod y credinwyr. Yn nes ymlaen yn yr un efengyl (Matthew 25. 31–36) parodrwydd i ymgeleddu'r tlawd, y ffoadur a'r carcharor yw'r maen prawf sy'n rhoi mynediad i deyrnas nefoedd.

Wedi'i ysbrydoli â'r fath weledigaeth lachar bydd modd i'r credadun beidio â chael ei ddallu ragor gan ddrewdod a thywyllwch drygioni, ei fwg a'i darth. Gall weld yn glir i ddilyn yr "union ffordd" a addawodd y proffwyd Eseia ac a gerddodd Iesu.

* * *

Does dim sôn am lesgedd yn y gerdd nesaf. Ysgogiad cwbl gadarnhaol yw'r hiraeth angerddol am gael bod mewn cymundeb personol agos â Iesu.

VII

O! Llefara, addfwyn Iesu,
Mae dy eiriau fel y gwin,
Oll yn dwyn i mewn dangnefedd
Ag sydd o anfeidrol rin;
Mae holl leisiau'r greadigaeth,
Holl ddeniadau cnawd a byd,
Wrth dy lais hyfrytaf tawel
Yn distewi a mynd yn fud.

Nis gall holl hyfrydwch natur,
Na'i melystra penna' ma's,
Fyth gymharu â lleferydd
Hyfryd pur maddeuol ras:
Gad im glywed sŵn dy eiriau,
Awdurdodol eiriau'r nef,
Oddi mewn yn crëu heddwch
Nad oes mo'i gyffelyb ef.

> Dwed dy fod yn eiddo imi,
> Mewn llythrennau eglur clir;
> Tor amheuaeth sych, digysur,
> Tywyll, dyrys, cyn bo hir;
> 'R wy'n hiraethu am gael clywed
> Un o eiriau pur y ne',
> Nes bo ofon du a thristwch
> Yn dragwyddol golli eu lle.

(Gloria in Excelsis, 1771)

Mae awgrym o awdurdod a ffurfioldeb yn y gair "llefara", a hynny'n ein hatgoffa o holl gyfoeth traethiadau Iesu yn y Testament Newydd, y doeth, yr heriol, y trallodus, ond ar addfwynder tyner a'r hiraeth am berthynas agos rhwng y credadun a gwrthrych ei addoliad y mae'r pwyslais yn y gerdd yma.

Hynod drawiadol yn y pennill cyntaf yw cymharu effaith riniol gwin (cyfeiriad at gerddi erotig Caniad Solomon yn yr Hen Destament) â'r tangnefedd mewnol y mae geiriau a phresenoldeb Iesu yn ei "ddwyn i mewn". Mae cythrwfl y byd oddi amgylch, yr awydd i fodloni anghenion corfforol-rywiol ("cnawd") a materol ("byd"), yn cael eu distewi'n llwyr, fel y distawodd Iesu y storm, yn dawel-awdurdod ar Fôr Galilea (Marc 4.39).

Nid diraddio "hyfrydwch natur/ Na'i melystra penna' ma's" y mae Pantycelyn yn yr ail bennill – roedd-e mor werthfawrogol o'r rheini ag unrhyw un – ond pwysleisio cymaint yn werthfawrocach na nhw yw'r "hyfrydwch" mewnol sy'n dod o glywed geiriau digyffelyb Iesu. Bron nad yw dyn yn synhwyro Iesu yn sibrwd yng nghlust y bardd.

Felly y bydd cariadon yn gwneud, a (gan ddilyn Caniad

Solomon eto) perthynas anghyfartal dau gariad yw'r ddelwedd ar ddechrau'r trydydd pennill – y naill yn ymbil ar y llall am sicrwydd serch a hyd yn oed lythyr caru "mewn llythrennau eglur clir". Does dim modd anwybyddu'r dylanwadau sinistr – amheuon, ofn a thristwch – sy'n llechu yn y cefndir, yn barod i godi'u pennau hyll. Maen-nhw'n "sych, digysur, tywyll, dyrys" ac yn "ddu", ond byddai dim ond "un o eiriau pur y ne'" yn ddigon i'w halltudio am byth, yn "dragwyddol".

Hiraethu am hyfrydwch y gollyngdod yna y mae'r bardd, nid ei feddiannu'n gyfan gwbl, ond mae rhyw lonyddwch hyderus yn hydreiddio'r gerdd hon.

* * *

Nid gwrthrych serch agos atoch yw Iesu'r emyn nesaf ond ffigwr cosmig, aruthrol, "yr enw mwyaf mawr erioed a glywyd sôn", ac nid yn ail berson y ferf (Ti) yn bennaf y mae'n cael ei gyfarch ond yn y trydydd (Ef).

VIII

O! nefol, addfwyn Oen
Sy'n llawer gwell na'r byd,
A lluoedd maith y nef,
Yn rhedeg arno ei bryd;
Mae'th ddawn, a'th ras, a'th gariad drud,
Yn llanw'r nef, yn llanw'r byd.

Noddfa pechadur trist
Tan bob drylliedig friw,
A phwys euogrwydd llym

> Yn unig yw fy Nuw;
> 'D oes enw i'w gael o tan y nef
> Yn unig ond ei enw Ef.
>
> Ymgrymed pawb i lawr
> I enw'r addfwyn O'n,
> Yr enw mwya' mawr
> Erioed a glywyd sôn:
> Y clod, a'r nerth, y gallu a'r bri
> Fo fyth i enw'n Harglwydd ni.
>
> Dioddefodd hoelion dur,
> Fe gollodd ddwyfol wa'd;
> Gwnaeth ni'n offeiriaid pur
> 'Wasnaethu ei annwyl Dad;
> Brenhinoedd ŷm o ddwyfol ryw,
> Perthynas agos iawn i'n Duw.
>
> Cawn goronau cyn bo hir,
> Oll fel ei goron Ef,
> A gweled ei ogoniant pur
> Yn ddisglair yn y nef;
> A seinio ei glod a'i ryfedd waith
> I eitha' tragwyddoldeb maith.
>
> (*Gloria in Excelsis*, 1771)

Yn y gerdd ysgubol, nodedig hon mae Pantycelyn yn mynd â ni'n ôl i fydysawd *Golwg ar Deyrnas Crist*. Wrth iddo syllu ar y Llwybr Llaethog ymhell bell uwch ben, mae'n anodd credu nad oedd y bydoedd aneirif yr oedd wedi darllen amdanyn wrth astudio seryddiaeth Newton yn ymdoddi'n un â bodau goruwchnaturiol, angylion disglair nefoedd Duw. Argyhoeddiad, ac ysbrydoliaeth wefreiddiol, y bardd yma serch hynny yw bod y greadigaeth oll yn llawn o allu creadigol ("dawn"), gras a chariad Iesu, y Mab, y Meseia.

Y gras a'r cariad sy'n troi'r gallu creadigol, y grym trosgynnol pwerus, Oen buddugoliaethus dyddiau diwethaf Llyfr y Datguddiad, yn "noddfa [i'r] pechadur trist ... drylliedig", yn gwbl berthnasol i angen personol dyfnaf yr unigolyn. O ddiolchgarwch am hynny a chydnabyddiaeth o'i fawredd rhaid i'r ddynoliaeth gyfan ymgrymu ger ei fron a rhoi iddo "y clod, a'r nerth, y gallu a'r bri".

Yna, yn sgil paradocs yr ymgnawdoliad a cholli'r "dwyfol wa'd", y "rhyfedd waith" y mae'r pennill olaf yn cyfeirio ato, wele ryw drawsnewidiad gwyrthiol yn digwydd yn statws dynoliaeth. Nid trueiniaid yn chwilio am noddfa a fyddannhw mwyach ond offeiriaid, brenhinoedd hyd yn oed. A dyma Pantycelyn yn mentro honni, fel y gwnaeth yn niwedd *Golwg ar Deyrnas Crist*, bod modd i Ddyn gyfranogi o natur y Duwdod, ei fod "o ddwyfol ryw", yn "berthynas agos iawn i'n Duw".

Y statws unigryw yma yng nghreadigaeth y Meseia, Iesu, y Duw-ddyn, ac yn y bydysawd Newtonaidd, sy'n rhoi coronau i blant dynion "oll fel ei goron Ef". Mae'r gwrthgyferbyniad â'r pechadur anobeithiol, dryslyd yn anialwch y byd hwn yn ysgytiol.

* * *

Mae a wnelo'r emyn syfrdanol canlynol ar yr olwg gyntaf hefyd â diwedd amser ac ymdaith y saint i'r nefoedd, ond roedd ei thema yn uniongyrchol berthnasol i un o gwestiynau llosg cyfnod ei gyfansoddi.

Mewn anialwch 'r wyf yn trigo,
Temtasiynau ar bob llaw;
Heddiw tanllyd saethau yma,
'Fory tanllyd saethau draw;
Minnau yn gorfod aros yno,
Yn y canol rhwng y tân;
Tyrd fy Nuw, a gwêl f'amgylchiad,
Yn dy allu dere ymla'n.

Marchog, Iesu, yn llwyddiannus,
Gwisg dy gleddau yng ngwasg dy glun;
Ni all daear dy wrth'nebu,
Chwaith nag uffern fawr ei hun;
Mae dy enw mor ardderchog,
Pob rhyw elyn gilia draw;
Mae dy arswyd trwy'r greadigaeth, –
Tyrd am hynny maes o law.

Tyn fy enaid o'i gaethiwed,
Gwawried bellach fore-ddydd;
Rhwyga'n chwilfriw ddorau'r Babel,
Tyn y barrau heyrn yn rhydd;
Gwthied caethion yn finteioedd
Allan megis tonnau llif,
Torf a thorf tan orfoleddu,
Heb na diwedd fyth na rhif.

Mi debyga' clywa' i heddiw
Sŵn caniadau draw o bell,
Tyrfa yn moli am waredigaeth,
Ac am ryddid llawer gwell;
Gynau gwynion yw eu gwisgoedd,
Palmwydd hyfryd yn eu llaw,
A hwy ânt gyda gogoniant
'Mewn i'r bywyd maes o law.

> Minnau bellach orfoleddaf
> Fod y Jiwbil fawr yn dod,
> A chyflawnir bob sillafftyn
> A lefarodd Iesu erio'd;
> De a gogledd yn fyrddiynau
> 'Ddaw o eithaf tywyll fyd,
> Gyda dawns ac utgyrn arian
> 'Mewn i Salem bur ynghyd.
> (*Gloria in Excelsis*, 1772)

Delweddaeth gyfarwydd y daith drwy'r anialwch, ei chyfyngderau a'i pheryglon, sy'n agor y gerdd, ond buan iawn y cawn ein hatgoffa mai taith o gaethiwed i ryddid yw-hi. Dyna yw thema'r gerdd a phrif thema hanes yr Iddewon wrth gwrs: rhyddid o gaethiwed yr Aifft a Babilon (Babel pennill 3) a gormes Groeg a Rhufain. Mae'n parhau yn yr hanes cefndirol i eni'r Meseia yn y Testament Newydd a thrwodd i ddymchweliad terfynol y grymoedd gormesol yn Llyfr y Datguddiad.

Anghyfarwydd a hynod o annisgwyl yw gweld portreadu Iesu yn nhermau rhyfelwr arfog cydnerth yn chwalu'i elynion, ond roedd Pantycelyn yn tynnu ar ffynonellau ysgrythurol wrth wneud hynny. Ym mhroffwydoliaeth Sechariah (pennod 9) mae'r Arglwydd Dduw yn defnyddio'i gleddyf, yn seinio'i utgorn ac yn gollwng ei saethau fel mellt. Yn ei lythyr at yr Effesiaid (pennod 6) mae Paul yn rhoi disgrifiad manwl o arfogaeth y milwr Rhufeinig yn fetaffor am ddulliau heddychlon y Cristnogion cynnar o gynnal a lledaenu eu neges.

Beth bynnag am hynny, presenoldeb arswydus "drwy'r greadigaeth" yw Iesu yma, yn gwasgaru grymoedd drygioni, naturiol ("daear") a goruwchnaturiol ("uffern") fel ei gilydd.

Sylwer ar yr egni ffisegol diamynedd ym merfau dechrau llinellau pennill 3: "tyn" (ddwywaith), "rhwyga", "gwthied".

Roedd holl gwestiwn caethiwed a rhyddid yn y gwynt adeg cyfansoddi'r geiriau hyn. Roedd yn un o themâu y Goleuo. Roedd cyd-efrydydd Pantycelyn, Richard Price, yn traethu yn Llundain am ryddid crefyddol a gwleidyddol. Roedd yr aflonyddwch a fyddai'n arwain at Ryfel Annibyniaeth America eisoes wedi dechrau. Byddai'r Datganiad Annibyniaeth (1776) yn penodi Rhyddid ymysg prif iawnderau Dyn, a chyfansoddiad yr Unol Daleithiau newydd maes o law yn gorseddu democratiaeth.

Yn fwy arwyddocaol fyth, roedd lleisiau'n codi yn erbyn caethwasiaeth y duon a rhai o daleithiau'r gogledd yn symud tuag at eu rhyddhau. Roedd mudiad diddymu caethwasiaeth Prydain, y byddai'r Cristion efengylaidd William Wilberforce yn ei arwain maes o law, eisoes ar waith.

Fe wyddai Pantycelyn yn iawn am y datblygiadau hyn ac mae'n anodd credu nad nhw, yn gymaint â'r traddodiadau ysgrythurol, sy'n cael eu hadlewyrchu yn naws chwyldroadol yr emyn yma. Yn ei gyfrol *Pantheologia*, a cyhoeddwyd yn rhifynnau rhwng 1762 ac 1778, gwaredodd Pantycelyn rhag creulondeb annynad y fasnach gaethweisions, gan fanylu ar y gamdriniaeth giaidd ar y caethion wrth groesi o Affrica i America. Does dim awgrym o resyndod yn y cyfeiriad at y "llawer gwaith y cynigiodd y Negroes ar y dec i ladd gwŷr y llong ac i ddwyn y llong i dir". Yn 1779 cyhoeddwyd cyfieithiad Pantycelyn o hanes y caethwas Ukawsaw Gronniosaw, un o'r *slave narratives* a ddaeth yn gynyddol boblogaidd wrth i ddiddymiaeth fagu stêm.

I Bantycelyn, yn wahanol i lawer o'i gyfoeswyr, roedd yr

Affricaniaid yn fodau dynol cyflawn, a'u heneidiau o werth amhrisiadwy yng ngolwg eu Tad nefol. Mae'n wir mai cyfeiriad at gaethiwed yr enaid sydd yn llinell agoriadol y trydydd pennill ffrwydrol yma, ond cwbl briodol yw i ni glywed yn y geiriau alwad i'r gad dros ryddid.

Erbyn y pedwerydd pennill mae'r cyffro chwyldroadol wedi lliniaru, a'r "dyrfa yn moli am waredigaeth" yn eu "gynau gwynion" yn cyfeirio at weledigaeth Llyfr y Datguddiad am fuddugoliaeth y saint yn niwedd amser. Ond i ni heddiw, yn oes Black Lives Matter, mae arwyddocâd y darlun i iawnderau Dyn a chyfiawnder i bawb, "de a gogledd" ac "o eithaf tywyll fyd", yn ddigamsyniol.

Mae'r pennill olaf yn llawn o orfoledd y Jiwbilî, yr ŵyl saithflynyddol pan oedd plant Israel dan orchymyn i ryddhau eu caethion (Lefiticus 25. 8–13). Dim rhyfedd mai â "dawns ac utgyrn arian" y mae'r gerdd yn cau.

* * *

Mae'n anodd dychmygu cyferbyniad llwyrach na'r gerdd nesaf â'i llonyddwch llesmeiriol, dyheadol.

X

'R wy'n edrych dros y bryniau pell
Amdanat bob yr awr;
Tyrd, fy Anwylyd, mae'n hwyrhau,
A'm haul bron mynd i lawr.

Trodd fy nghariadau i oll i gyd
'N awr yn anffyddlon im,
Ond yr wyf finnau'n hyfryd glaf
O gariad mwy ei rym!

> Cariad na 'nabu plant y llawr
> Mo'i rinwedd nag o'i ras,
> Ag sydd yn sugno'm serch a'm bryd
> O'r creadur oll i ma's.
>
> O gwna fi'n ffyddlon tra fwy' byw,
> A'm lefel at dy glod;
> Ac na fo pleser 'fynd â 'mryd,
> A welwyd is y rhod.
>
> Tyn fy serchiadau yn gryno iawn
> Oddi wrth wrthrychau gau,
> At yr un gwrthrych ag sydd fyth
> Yn ffyddlon yn parhau.
>
> 'D oes gyflwr tan yr awyr las
> 'R wy' ynddo'n chwennych byw;
> Ond fy hyfrydwch fyth 'gaiff fod
> O fewn cynteddau'm Duw.
>
> Fe ddarfu blas, fe ddarfu chwant
> At holl bosïau'r byd;
> Nid oes ond gwagedd heb ddim trai
> Yn rhedeg trwyddo 'gyd.
>
> (*Gloria in Excelsis*, 1772)

Byddai Cristnogion yn tueddu i ddehongli cerdd erotig Caniad Solomon o'r Hen Destament mewn termau symbolaidd. Ar y traddodiad hwnnw yr oedd Pantycelyn yn tynnu yn y gerdd hon.

Ieithwedd a delweddaeth cerdd serch sydd yn y ddau bennill cyntaf: y dyheu, yr hir ddisgwyl am bresenoldeb y cariad, y pryder na ddaw, anffyddlondeb cariadon eraill mewn cymhariaeth, amwysedd cymhleth y profiad o fod yn "hyfryd glaf".

Y trydydd pennill sy'n ein symud i'r lefel symbolaidd, lle mae cariad yn cael ei ddyrchafu uwch law lefel "plant y llawr". Gair Pantycelyn am ddisgyrchiant, y grym sy'n dal y bydysawd ynghyd, oedd "sugun". Dyma fe nawr yn troi'r enw yn ferf i fynegi cryfder diwrthdro y dylanwad arallfydol sy'n ailgyfeirio'i chwantau rhywiol naturiol (y "creadur") yn gyfan gwbl tuag at wrthrych ysbrydol, fel y bydd heliwr daearol yn canolbwyntio ar annel ("lefel") ei ddryll.

Mewn cymhariaeth â'r garwriaeth drosgynnol yma ofer a di-ddal yw deniadau daearol, "gwrthrychau gau", "gwagedd". Mae hyd yn oed swyddogaethau corfforol elfennol megis blas, heb sôn am chwant, yn darfod. Mae nodyn o ddirmyg yn y cyfeiriad at yr arfer ymhlith cariadon cyffredin o gyflwyno posi o flodau i wrthrych eu serch.

Erbyn hyn, bron nad yw'r bardd wedi cyrraedd "cynteddau Duw" yr oedd yn emyn II uchod yn ymbil am nerth i ddringo tuag atyn mewn cyflwr o ddyhead rhwystredig.

Yn ôl Saunders Lewis roedd tri chyfnod ar ffordd y cyfrinydd tuag at agos-berthynas â Duw, gan ymryddhau o ormes yr hunan: y puro, y goleuo a'r uno. Erbyn hyn mae Pantycelyn wedi cael mynediad i'r trydydd cyfnod. Iesu, yn fwy efallai na "Duw", yw gwrthrych ei orhoffedd.

Pantycelyn Heddiw

Wedi olrhain rhywfaint o hanes William Williams a'r mudiad yr oedd yn rhan ohono, gan nodi'n fras y cyd-destun hanesyddol a rhoi cynnig ar ddehongli detholiad bychan o'i waith, daeth yn bryd gofyn y cwestiwn, Pam talu sylw heddiw?

Y peth lleiaf y dylen-ni ei wneud yw cydnabod camp lenyddol Pantycelyn. Rhyfedd meddwl am gannoedd o filoedd o werin bobl yn canu barddoniaeth o'r radd uchaf o ddydd i ddydd, o wythnos i wythnos, o flwyddyn i flwyddyn, dros gyfnod hir o amser. Rhyfedd meddwl am hyd a lled ei waith arall, yn farddoniaeth ac yn rhyddiaith, a chyfraniad hynny i fywyd deallusol y genedl.

Cydnabod yn ail y chwyldro cymdeithasol-ddiwylliannol-foesegol yr oedd Pantycelyn yn rhan ohono, y gwnaeth-e gyfraniad gyriannol unigryw iddo. Hebddo byddai Cymru heddiw yn wlad wahanol iawn, yn fy marn i beth wmbredd yn dlotach. Go brin y byddai'r Gymraeg yn iaith fyw ac mae'n amheus a fydden-ni'n genedl ymreolus yn dal i freuddwydio am annibyniaeth.

Mewn gair, mae Pantycelyn yn ffigwr o arwyddocâd mawr iawn yn hanes Cymru.

Ond cyfraniad ddoe yw hwnna, meddech chi, i'w gydnabod ac yna ei osod, mewn oes wahanol, o'r neilltu. Rwyf am geisio dangos bod mwy iddi na hynny.

Mae yna wrth gwrs rai pethau y *mae-hi'n* bwysig eu gosod o'r neilltu.

Y syniad o'r **Goruwchnaturiol** fel realiti empeiraidd i gychwyn. I Bantycelyn a mwyafrif llethol ei gyfoeswyr roedd y Goruwchnaturiol, gan gynnwys Bod Mawr, hollalluog os nad hollddaionus, yn realiti nad oedd yn bosibl ei gwestiynu. Erbyn hyn, ac ers tro a dweud y gwir, mae'r syniad yna'n cyflym golli ei hygrededd.

Yn ail, rhaid ymwrthod â'r syniad bod Cristnogaeth yn cynnig **datguddiad** unigryw o wirionedd absoliwt ei awdurdod am y bydysawd a lle Dyn o'i fewn. Mae'r syniad yn anghynaliadwy, ond hefyd yn beryglus – fel yn y ffwndamentaliaeth filwriaethus sydd ar gynnydd heddiw. Yn hytrach, rhaid gweld Cristnogaeth yn un o blith nifer o ymdrechion i ddehongli bywyd yng ngoleuni egwyddor Cydymdeimlad, ys dywed Karen Armstrong.

Mewn gair, rhaid deall Cristnogaeth yn nhermau symbol a metaffor, yn tarddu o ddychymyg Dyn, yn cynnig gweledigaeth oddrychol, nid cyfrif gwrthrychol, empeiraidd, o bethau. Creadigaeth symbolaidd yw Duw felly, yn cynrychioli set o werthoedd creiddiol. Cyfiawnder, trugaredd, gwirionedd a thangnefedd yw'r "egwyddorion" dwyfol y mae Pantycelyn am weld eu plannu yn ei gymeriad – "pedair merch y Drindod" y carolau plygain. Byddai'n dda ychwanegu egni creadigol er mwyn cwblhau'r darlun. Cwbl naturiol i feddwl dychmyglawn Dyn yw bywhau yr egwyddorion haniaethol yma drwy eu personoli mewn Bod dwyfol trosgynnol, ac yn Iesu mewn dyn dwyfol hefyd. Ffrwyth dychymyg creadigol rhyfeddol *homo sapiens*.

Mae angen ymwrthod hefyd â rhai agweddau mwy penodol o fydolwg Pantycelyn a'r ddiwinyddiaeth Galfinaidd yr oedd yn ei choleddu. Dyna i chi **etholedigaeth**, sef y syniad bod rhai o blith plant dynion wedi'u hethol o'r dechrau i fod yn rhan o deyrnas Dduw ac eraill i gael eu taflu i golledigaeth dragwyddol yn uffern. Mae'r syniad nid yn unig yn wrthun ond yn gwbl anffrwythlon. Y cysur yw nad oes dim arwydd i'r fath gysyniad effeithio damaid ar genhadaeth Pantycelyn, beth bynnag oedd ei chredo swyddogol.

Beth felly am yr **Iawn**, sef y syniad bod Iesu, drwy farw yn wirfoddol ar y groes, wedi talu'r pris am bechod Dyn a'i achub rhag colledigaeth? Mae gwreiddyn y syniad yn yr arfer cyntefig o ladd anifeiliaid, ac yn wir bobl, yn aberth, ar ryw fath o allor, i ddofi llid y duwiau y mae dynion wedi pechu yn eu herbyn. Does dim angen petruso cyn ymwrthod â'r fath syniad barbaraidd.

Mae Iesu'r Testament Newydd fodd bynnag wedi'i seilio ar fersiwn mwy goleuedig o'r traddodiad yma, yn arbennig y portread cain yn Eseia 53.4–7 o'r gwas dioddefus. Yn gwbl ddi-drais, ac o'i wirfodd, mae'r gwas yn cael ei "archoll[i] am ein camweddau ni". Mae'n cael ei arwain yn gwbl ddirwgnach fel "oen i'r lladdfa", ac yn diodde'r gosb yn lle'r lliaws llwfr, drygionus. Mae'n gwbl ganolog yn myd-olwg Pantycelyn.

Yr hyn sydd yma yw darlun dirdynnol-wir o'r ffordd, dro ar ôl tro yn hanes gwareiddiad, y bu rhaid i ddewrion ddioddef i'r eithaf yn enw egwyddor ac er lles y mwyafrif hunangar, llywaeth. Pan oeddwn i'n ifanc yr enghreifftiau amlwg o hyn oedd Martin Luther King a Mahatma Ghandi, y ddau wedi'u llofruddio am fynnu rhyddid i'w pobl. Ond mae myrdd dirifedi o enghreifftiau tebyg, anhysbys yn ogystal ag enwog, er enghraifft ymhlith ymgyrchwyr dros iawnderau a thlodion y ddaear ac actifistiaid amgylcheddol, ac yn wir ym mharodrwydd staff meddygol a gofalwyr i fentro'u bywydau a fforffedu'u hawddfyd yn sgil pandemig Covid-19.

Mae'n bwysig ychwanegu fan hyn Giordano Bruno, a garcharwyd a'i groesholi'n ddi-baid am wyth mlynedd, yna'i arteithio, ei arwain drwy'r strydoedd, ei ben wedi'i eillio, ar gefn asyn, a'i losgi wrth y stanc yn 1600 ar orchymyn awdurdodau'r Eglwys Rufeinig Gristnogol am ledaenu syniadau Lucretius a'r darganfyddiadau gwyddonol diweddaraf. "A'r Iesu a wylodd."

Mae geiriau Eseia felly, a'r portreadau ingol o boenydio a chroeshoelio Iesu yn efengylau'r Testament Newydd, yn crisialu gwirionedd atgas ond anwadadwy.

Nid rhyw gyfaredd afiach â'r macâbr ychwaith ond peth enbyd o briodol oedd-hi i Gristnogaeth fabwysiadu'r groes – arwyddlun o greulondeb barbaraidd difeddwl Rhufain, o artaith, ac o ran ganolog dioddefaint ym mhrofiad Dyn drwy'r oesoedd – yn symbol canolog. Mae grym proffwydol arswydus am realiti bywyd yn y llinellau, "Pen Calfaria,/ Nac aed hwnnw byth o'm cof!" Nac aed yn wir, yn enwedig pa fo pethau'n mynd yn dda.

Go brin bod angen manylu ar ddilysrwydd symbolaidd yr **Atgyfodiad**, arwyddlun o adfywiad bywyd yn y gwanwyn, o le canolog atgynhyrchu ym mharhad bywyd ac o allu nodedig pobl i ailadeiladu ac ymadfer yn dilyn galanstra a thrallod. Gallwn ddehongli'r syniad yn wrthrychol oer fel mecanwaith angenrheidiol i oroesiad yr hil. Neu mi allwn ddewis ei weld yn nhermau'r wyrth sy'n cael ei darlunio mor ddyrchafol obeithiol yn chwedlau gwefreiddiol yr efengylau.

Cyhuddwyd y Methodistiaid o ddioddef gan obsesiwn afiach â **phechod**, a'r syniad ei fod yn **wreiddiol** yn natur Dyn. Realiti caled sydd yma fodd bynnag – realiti sy'n gwawrio arnon-ni o'r newydd efallai y dyddiau hyn wrth i ni glywed am hil-laddiadau, atgasedd at estroniaid, masnachu pobl – mae'r rhestr yn ddiddiwedd. Mae tystiolaeth hanesyddol ac archaeolegol yn cadarnhau pa mor gyffredin y mae ymddygiad felly wedi bod yn hanes ein hil.

Yr hyn y mae'r neges Gristnogol yn ei bwysleisio yw nad rhywbeth yn perthyn i ryw ddihirod eithriadol, pobl eraill wahanol i ni, yw pechod, drygioni, ond peth sy'n llechu ynonni i gyd, yn barod i frigo i'r wyneb, mewn mân weithredoedd annheilwng yn ogystal â throseddau amlwg. Mae'n adlewyrchu'n hetifeddiaeth esblygiadol; mae'n **wreiddiol** yn ein cyfansoddiad, yn ein hunanoldeb yn arbennig.

Mae'n digwydd ar ffurf dorfol yn ogystal ag unigol, fel pan fydd haid o erlidwyr, wedi'u meddiannu gan gasineb rhagfarnllyd, yn troi ar grŵp lleiafrifol. Pechod torfol gwaethaf y ddynoliaeth efallai yw'r difrod anfesuradwy y mae'n ei wneud i fyd natur, yr Ardd Eden a roddwyd i'w gofal. Ond mi ddown yn ôl at hyn isod.

Mae perygl i ori ar realiti anhyfryd pechadurusrwydd Dyn arwain at sinigiaeth, pesimistiaeth, anobaith neu iselder ysbryd, at ddiymadferthedd, gwacter ystyr a nihiliaeth. Gall gael ei fynegi mewn agwedd ddidostur at eraill, mewn ideoleg wleidyddol sy'n mawrygu unigolyddiaeth rodresgar. "Felly mae-hi," meddir. "Trechaf treisied, gwannaf gwichied." Ys dywed y Sais, mae rhaid edrych ar ôl Rhif Un.

Yr hyn sydd gan Bantycelyn i'w ddweud wrthon-ni, heddiw fel yn ei oes ei hun, yw bod potensial Dyn yn uwch na hyn. Mae **iechydwriaeth** yn bosibl. Mae modd codi uwch law'r Hunan a thrwy ymdrech a gwyliadwriaeth barhaus ymroi i broses raddol o **sancteiddio** a all drawsnewid cymeriad unigolyn, a thros amser wella ansawdd cymdeithas hefyd.

Bydd rhaid i ddyn dynnu'n drwm ar ei adnoddau mewnol er mwyn ymsancteiddio, ond oddi allan i'r hunan y daw'r dylanwad cryfaf. Does dim modd i ni heddiw danysgrifio i syniad Pantycelyn ynghylch **gras** yn tarddu o fwriad cariadus Bod Goruwchnaturiol, ond go brin y bydd modd i unigolyn drylliedig gael iachâd ohono'i hun, heb weithredoedd cariadus ei gyd-ddyn a heb ymagor i'r dylanwadau daionus sy'n bresennol yn ein byd ni ac felly ymhlyg yn nirgelion y bydysawd. Bydd codi'r golygon fry ac amsugno peth o ryfeddod annirnad y Greadigaeth yn rhan bwysig o'r therapi, yn ffordd o dderbyn **gras** a thrwy hynny ddysgu ymddwyn yn **raslawn** at eraill.

A siarad yn empeiraidd, does dim modd canfod bwriad na phwrpas mewn bydysawd lle mae dinistr anwahaniaethol yn hollbresennol, yng ngeni a marw heuliau, yng ngwrthdrawiadau teitanig galaethau ac mewn tyllau duon sy'n sugno pob sylwedd ac egni i ryw ebargofiant tragwyddol. Ond mae'n dychymyg creadigol ni yn ein galluogi i ganolbwyntio'n rhyfeddus ar y ffaith i'r bydysawd diderfyn yna esgor ar ein planed ogoneddus, os peryglus, ni, ar blant dynion ac arnon ni bob un. Felly y dewisodd Pantycelyn weld y bydysawd. I bwrpas felly y dyfeisiodd Iddewiaeth y myth am Dduw sy'n caru ei greadigaeth ac yr addurnodd Cristnogaeth y myth hwnnw i gynnwys gweledigaeth am Dduw, drwy'r **ymgnawdoliad**, yn ymostwng i gymryd ffurf un o'i greaduriaid, Dyn ei anwylyn.

Stori'r ymgnawdoliad a roddodd i ni'r **person Iesu**: y grym creadigol cosmig, un o dri pherson y Drindod, y safon ddilwgr dragwyddol, y cyfaill ffyddlon agos ym mhob trallod sy'n clirio'n dyledion, mab y saer, y baban yn y preseb, y cyd-ddioddefydd, gwrthrych serch, y dyn delfrydol.

Yn y myth Iddewig-Gristnogol mae **statws unigryw Dyn** yn y greadigaeth yn ddiamheuol. Mae empeiriaeth yn ei weld, ar y llaw arall, fel un rhywogaeth ymysg miloedd, *homo*, tra'n cydnabod ei arbenigrwydd hefyd yn yr ansoddair *sapiens*, doeth. I rai, byddai difodi *homo* oddi ar wyneb y ddaear yn ddigwyddiad biolegol na wnâi ddim ond lles i weddill Natur. Ond un peth yw siarad fel yna yn sinigaidd slic. Peth arall, cwbl erchyll, fyddai dilyn rhesymeg felly i'w phen draw. Mwy creadigol, mwy gwareiddiol o lawer, yw dewis credu mai "**ar lun a delw Duw**" y crëwyd Dyn ac ysgwyddo'r cyfrifoldeb cysegredig enfawr y mae rhagorfraint felly'n ei roi arnon-ni.

A dyna ni at y cyhuddiad yn erbyn Pantycelyn a'i gymrodyr eu bod â'u bryd yn fwy na dim ar ddianc i ddedwyddwch tragwyddol yn **y nefoedd** ac felly'n esgeuluso'r ddyletswydd i ddyrchafu pobl a chymdeithas yn y byd hwn. Gall fod mwy nag elfen o wir yn y cyhuddiad, gan nodi mai fersiwn gwyddonol o hyn yw y gallai *homo sapiens*, wedi iddo ddihysbyddu cyfoeth planed Daear, gyfaneddu bydoedd eraill yn y gofod. Mae'r ail syniad lawn mor anghyfrifol, os nad yn fwy felly, na'r cyntaf.

Ond fel y gwelwyd yn yr emynau uchod, mae Pantycelyn yn llwyddo i droi'i olygon tua'r nefoedd tra'n cadw ei draed yn gadarn ar y llawr. Tynnu ar werthoedd tragwyddol ac arhosol y nefoedd er mwyn ymdopi â, ac yn wir sancteiddio, profedigaethau dyrys anialwch y ddaear yw byrdwn ei neges. A siawns nad oes gan bawb ohonon-ni angen gweledigaeth o berffeithrwydd, a theimlad o ymgolli yn y perffeithrwydd yna, o bryd i'w gilydd. Dyna sydd i'w weld yn yr emyn olaf uchod.

Mewn erthygl arbennig o gyfoethog ddechrau'r 1990au gofynnodd y gweinidog Methodist rhyddfrydig Cynwil Williams y cwestiwn, "Heddiw a yw'n bosibl canu emynau Williams... a bod yn gwbl onest â ni'n hunain?" Rwyf wedi treial awgrymu ffordd o allu ateb, "yn bendant, ydi", ac elwa'n fawr er eu gweledigaeth ysbrydoledig lachar o'r newydd. Ond er mwyn gwneud hynny rhaid gosod y persbectif empeiraidd i'r naill ochr am dro a mynd i mewn i fyd y dychymyg creadigol.

Price, Pantycelyn a'n Picil ni Heddiw

Mwy buddiol yw gweld syniadau'r cyd-efrydwyr Price a Phantycelyn yn ategu ei gilydd na'u cyferbynnu, er bod hynt eu bywydau a'u pwyslais yn gwahaniaethu.

Serch ei waith blaengar-ddisglair mewn mathemateg, yswiriant, polisi ariannol a'r ddyled genedlaethol, a'i ymdrechion i ddylanwadu ar wleidyddiaeth Prydain ac America, prif flaenoriaeth Price bob amser oedd ei ddyletswyddau yn weinidog yr efengyl. Mae'n drawiadol mai ar ffurf pregethau, go efengylaidd eu naws, y mae nifer o'i anerchiadau gwleidyddol a'u bod yn cychwyn trwy godi testun o'r ysgrythurau.

Trodd at Arminiaeth, gan fynnu mai dymuniad Duw yw i bob dyn gael ei achub. Ond mae ôl ei gefndir Calfinaidd yn dal i'w weld yn ei safbwynt. Roedd ei fywyd i gyd wedi'i gyfeirio tuag at Dduw goruwchnaturiol hollalluog a hollddaionus a anfonodd ei Fab, Ceidwad y ddynoliaeth, i'r byd, trobwynt tyngedfennol mewn hanes. Fe welai ôl Rhagluniaeth yn dylanwadu er daioni ar ddigwyddiadau yn y byd. Fel Pantycelyn roedd yn edrych ymlaen at ailddyfodiad Iesu, at sefydlu ei deyrnas ar y ddaear, at y Farn Fawr ac at gael mynediad i fywyd tragwyddol yn y nefoedd.

Ar lawer ystyr, mae Price yn gweld cyflwr Dyn yn ddigon truenus ac yn mynnu mai dim ond trwy ras Duw y mae modd ei achub. Mae'n cyfeirio at "wiriondeb (*imbecility*) meddwl dyn" a'i duedd naturiol i wneud annibendod o bethau. Wrth draethu'n obeithiol am ddyfodol America mae'n tynnu sylw at y perygl y gallai'i "dwyllo'i hun â disgwyliadau gweledigaethus".

Serch hynny, hyder yng nghynnydd graddol dynoliaeth yw prif berwyl ei draethiadau. Serch bod cyfnodau o ddirywiad yn fynych yn dad-wneud cynnydd gwareiddiad mae'r duedd waelodol tuag i fyny, megis yn narganfyddiadau'r chwyldro gwyddonol, yng ngwaith Newton er enghraifft. Fe welai fath o beiriant rhesymegol cynyddgar ar waith, a chenedlaethau newydd yn sefyll ar ysgwyddau eu rhagflaenwyr gan gario'u darganfyddiadau ymhellach yn barhaus.

Rhagamod cynnydd a gwelliant fodd bynnag oedd Rhyddid, un o dair prif fendith dynoliaeth, gyda Gwirionedd a Rhinwedd. Traethodd yn gyson ar ryddid mewn crefydd a gwleidyddiaeth, ac yn arbennig ym myd addysg. Dim ond drwy ganiatáu i'r meddwl ymchwilgar ddilyn ei drywydd yn ddirwystr yr oedd modd helaethu gwybodaeth a goleuo cymdeithas.

Serch ei anfodlonrwydd mawr ynghylch llygredigaeth yng ngwleidyddiaeth Prydain a hollbresenoldeb llywodraethau awtocrataidd ledled y byd, roedd-e wedi'i argyhoeddi erbyn diwedd ei oes bod gwawr rhyddid yn torri, a'r holl fendithion a ddôi yn sgil hynny, gyda'r chwyldroadau yn America a Ffrainc. Yn ei anerchiad enwog *Cariad at fy Ngwlad*, a draddododd yn Nhachwedd 1789, gan godi'i destun o Salm 122.2, 4–9, meddai, "Wele'r goleuni a gynheuwyd gennych [gyfeillion rhyddid], ar ôl gosod America yn rhydd yn cael ei adlewyrchu yn Ffrainc, ac yno'n fflamio yn goelcerth sy'n troi gorthrymder yn ulw ac yn cynhesu a goleuo Ewrop gyfan."

Bu farw Richard Price yn 1791, cyn i chwyldro Ffrainc ddirywio'n foddfa ddychrynllyd o waed ac yna droi'n anturiaeth ymerodrol a achosodd golli miloedd dirifedi o fywydau, mwy, mae'n debyg, nag a achoswyd gan yr *ancien régime* yr oedd Price yn ei gasáu. Ac yn achos America, cyn i'r cyfaneddu ar eangderau tiriogaethol y cyfandir yr oedd Price yn ei annog arwain at hil-laddiad systematig y boblogaeth frodorol. Mae'n ymaddangos bod Price yn ddall i fodolaeth, heb sôn am hawliau, yr Americaniaid brodorol, ond galwodd am ddiddymu ar fyrder gaethwasiaeth y duon, "traffig sy'n waradwydd ar y ddynoliaeth, yn greulon, yn ddrwg, yn ddieflig". Tan i'r taleithiau unedig newydd-anedig wneud hynny, meddai, "go brin y byddan-nhw'n teilyngu'r rhyddid y buon-nhw'n ymgiprys i'w ennill".

Mae golwg Pantycelyn ar anialwch y byd yma yn fwy tywyll-rybuddiol na radicaliaeth optimistaidd Price, er bod y blaenaf hefyd yn pledio achos rhyddid. Mae ei ddiddordeb yn canolbwyntio fwy ar gyflwr a thynged yr enaid unigol nag ar ddiwygio cymdeithas, er bod hynny hefyd yn rhan anhepgor o'i agenda. Mae Pantycelyn beth yn fwy drwgdybus o ddysg a rheswm na Price tra'n eu cymeradwyo hefyd cyhyd â'u bod yn cael eu cysegru i ddibenion teyrnas Crist.

Awgrymwyd mai adwaith yn erbyn y Goleuo oedd Methodistiaeth. Gellid dwyn yr un cyhuddiad yn erbyn beirdd rhamantaidd Lloegr, William Blake er enghraifft, a Wordsworth a Coleridge, y cyhoeddwyd eu casgliad cyffroadol, y *Lyrical Ballads*, yn 1798. Ond tecach yw gweld Pantycelyn, gyda'i sêl ddiamynedd dros addysgu'r werin bobl, ei ddiddordeb cadarnhaol mewn gwyddoniaeth, ac yn fwy na dim ei awydd angerddol i ddyrchafu ansawdd bywyd ei gyd-Gymry, yn unigolion ac yn gymdeithas, yn gyfrannydd o fath gwahanol i'r Goleuo.

Mewn gwirionedd, cyfranogwyr yn yr un hyrfa drawsnewidiol oedd Price a Phantycelyn fel ei gilydd, a phwdin o'r un badell, sef Anghydffurfiaeth Cymru, at hynny. Roedd tuedd Price yn fwy at y rhesymgar, a Phantycelyn yn fwy at y teimladol, ond roedden-nhw yr un mor angerddol â'i gilydd. Llenyddiaeth greadigol oedd prif gyfrwng Pantycelyn tra na ddangosodd Price, mae'n debyg, fawr o ddiddordeb mewn llenyddiaeth na'r celfyddydau – traethu deallusol oedd ei beth e. I grynhoi, roedd Pantycelyn yn tueddu'n fwy, a defnyddio'r categorïau a grybwyllais ar ddechrau'r llythyr hwn, at **fythos** a Price yn tueddu at **logos**, ond mater o bwyslais, nid gwahaniaeth hanfodol, yw hyn.

Nawr-te, pwynt hyn o ymresymiad yw bod arnon-ni angen y ddau bersbectif yna yn ein picil ni heddiw. Beth felly yw natur y picil hwnnw?

<u>Y picil rydyn-ni ynddo</u>
Mae'n edrych yn debyg bod yr union Gynnydd sydd wedi gweddnewid ein bywydau (ond nid pawb ohonon-ni), ac yr oedd Richard Price yn credu mor daer ynddo, wedi'n tywys ar lwybr seithug ac yn awr yn cyrraedd *impasse*.

Craidd yr argyfwng yw'r berthynas ecsbloetiadol rhwng dynoliaeth, *homo sapiens*, a gweddill byd natur – rhan o'n hanes erioed ond rhywbeth sydd, ers dyddiau Price a Phantycelyn, wedi mynd ar ruthr i'r fath raddau nes ei fod yn dinistrio byd natur ar raddfa fawr ac yn bygwth ein hawddfyd, os nad ein goroesiad, ni fel rhywogaeth.

Fe ddyblodd poblogaeth y byd o bedwar biliwn i wyth yn ystod fy oes i. Ar yr un pryd mae gofynion y boblogaeth yna – o ran nwyddau, bwydydd, cartrefi, gofod, moethau o bob math – yn cynyddu ar garlam. Twf economaidd parhaol yw rheol euraid ein gwareiddiad.

Y canlyniad yw rhoi pwysau digynsail ar adnoddau byd natur – yr hinsawdd, priddoedd, mwynau, ac yn arbennig amrywioldeb di-ben-draw creaduriaid a phlanhigion y ddaear y mae Pantycelyn yn eu disgrifio â'r fath gyfaredd yn *Golwg ar Deyrnas Crist.*

Mewn gair, mae'r argyfwng yn systemig – y rhagdybiaeth bod yn rhaid wrth dwf economaidd yn esgor ar greu anghenion bythol-newydd, a'r gyriant i'w diwallu yn cymryd ffurf y brynwriaeth eithafol sy'n gyrru ein heconomi.

Er enghraifft, mae fforestydd, ysgyfaint y ddaear, yn cael eu cwympo ar raddfa frawychus er mwyn cynhyrchu soia i fwydo'n hanifeiliaid amaethyddol a chartrefol neu olew palmwydd ar gyfer minlliw, olew croen a sebon meddal, ymhlith pethau eraill. Mae cludo diorffwys ar gynhyrchion o le i le yn un o'r ffactorau sy'n allyrru nwyon tŷ gwydr ac yn dadsefydlogi'r hinsawdd go sefydlog a'i gwnaeth-hi'n bosibl i wareiddiad *homo sapiens* ddatblygu dros y 10,000 o flynyddau diwethaf.

Agwedd ar brynwriaeth yw unigolyddiaeth remp ein diwylliant a'r anghydraddoldeb enfawr mewn byd na fu ei gyfoethocach (a siarad yn faterol) erioed. "Edrychwch arna'i yn holl ysblander fy *lifestyle*," meddai'r seléb. "Fi biau'r cwbl," meddai'r arch-fentergarwr goludog, "a pheidiwch chi â meiddio dwyn cyfran oddi arna'i er lles y lliaws a'r difreintiedig."

Nid ar chwarae bach y mae dadymglymu oddi wrth beiriant mor nerthol-ddinistriol â hyn.

Ar hyn o bryd, o ran penderfyniadau gwleidyddol o leiaf, mae'r pwyslais ar harneisio dyfeisgarwch technolegol rhyfeddol dyn. Fe ddisodlith ynni adnewyddol y pwerdai tanwydd ffosil. Daw ceir trydan yn lle'r rhai petrol a diesel sy'n gwenwyno'r awyr ac yn pwmpio carbon i'r atmosffer. Gobeithio y daw pobl glyfar a chyfundrefnau newydd i rwystro'r goludog troetrydd rhag osgoi talu eu trethi. Mae modd lleihau'r angen i deithio drwy ddefnyddio technoleg cyfathrebu safon-uchel. Mae technoleg gwybodaeth yn cynyddu'n gallu i ddadansoddi a deall yn anfesuradwy.

Dyma gyfraniad **logos**. Mae'n anhepgor a gall fod yn drawsnewidiol. Ond go brin y bydd yn ddigon. Bydd angen newid systemig yn ein ffordd o fyw ac yn arbennig ein ffordd o weld y byd o'n cwmpas a'n lle ni ynddo. Bydd angen **moeseg newydd** wedi'i seilio ar ddwysbarch at fyd natur. Bydd angen i ni ddysgu cerdded yn ysgafn yn hytrach na bracso'n anystyriol ar wyneb y tir.

Bydd gan reswm ran yn ffurfio'r foeseg newydd. Beth wedi'r cyfan sy'n fwy rhesymol nag ymddwyn fel ag i sicrhau goroesiad eich rhywogaeth? Ond heb angerdd a dwyster teimlad, ddaw dim llesâd ohoni. Rhaid cynnwys **myth** sy'n dewis gweld y byd a'r bydysawd yn nhermau'r rhyfeddol a'r cysegredig, sy'n harneisio'n hadnoddau teimladol.

Myth hanesyddol cenedl y Cymry, myth ein gwareiddiad gorllewinol ni, myth a ymledodd drwy gyfuniad o oresgyn a gwasanaethu cenhadol drwy'r byd, yw Cristnogaeth. Mae ynddi, o'i gwir-ddehongli a'i haddasu, a heb iddi hawlio unrhyw awdurdod unigryw, y gwerthoedd a'r chwedlau a'r doethineb cronedig i gynnig arweiniad yn y trawsnewidiad y mae rhaid wrtho yn yr 21ain ganrif.

Ond er mwyn codi i'r sialens ddirfodol sydd ohoni, bydd angen Diwygiad.

Cristnogaeth Newydd

Beth fydd cynseiliau'r Diwygiad nesaf a'r Gristnogaeth newydd?

Rhaid talu parch i Reswm yn y lle cyntaf, yn nhraddodiad Richard Price. Rhaid i'r Gristnogaeth newydd ymrestru o blaid rhesymeg a meddwl clir, gan ymgynghreirio yn erbyn yr adwaith dall cyfredol sy'n drwgdybio tystiolaeth a deallusiaeth ac sy ar gerdded yn y byd heddiw, megis yng nghanlynwyr ffwndamentalaidd "Cristnogol" Donald Trump.

Rhan angenrheidiol o'r Gristnogaeth newydd fydd hyfforddi ei dilynwyr ynghylch gwyddor ecoleg a chynaliadwyedd a'r angen i gymhwyso'r rheini i'w bywydau personol a chymdeithasol. Bydd trafod a dadlau brwd a symud ymlaen o un pwnc i'r llall gan geisio gweld y darlun cyfan – mewn ysgolion Sul efallai, mewn cylchoedd lleol a chynadleddau cenedlaethol. Bydd defnydd llawn o ddulliau cyfathrebu arloesol ond bydd y cwrdd wyneb yn wyneb yn anhepgor.

Bydd eraill, mwy seciwlar eu hanian, hefyd yn gwneud y pethau yna. Yn wir, maen-nhw wrthi eisoes. Beth fydd cyfraniad arbennig y Gristnogaeth newydd felly?

Hanfod crefydd yw meithrin osgo o ryfeddod, parchedigaeth gellid dweud, tuag at fywyd. Y math o beth sydd yn "O!" Pantycelyn a'r emynwyr eraill ac yn y gair Saesneg *awe*. O feithrin ymdeimlad felly yn iawn, bydd iddo effeithiau pellgyrhaeddol. Gostyngeiddrwydd yn gyntaf, yn wyneb yr hyn sy'n anhraethol fwy na ni'n hunain.

Bydd gostyngeiddrwydd yn meithrin diolchgarwch, a'r sylweddoliad mai rhodd yw popeth sy'n eiddo i ni – yn alluoedd, yn ddoniau, yn gryfder corfforol, yn nodweddion seicolegol megis dycnwch a'r gallu i ganolbwyntio, ac yn arbennig adnoddau naturiol ein planed. Trwy ras yr ydyn-ni'n meddu arnyn. Trwy ras yr ydyn-ni'n cael y fraint o gael byw, o feddu ar ymwybyddiaeth, am gyfnod diflannol o fyr yng nghwrs amser ac yn nhreigl pellteroedd y cosmos. Yn wyneb hyn mae ymffrostio yn ein cyraeddiadau nid yn unig yn amhriodol ond yn chwerthinllyd.

I'r rhai sydd wedi'u bendithio i raddau llai o lawer na'r breintiedig yn ein mysg, i'r rhai y mae anialwch y byd yn gwasgu'n galed arnyn, dichon y bydd dod o hyd i rywbeth y mae'n bosibl diolch amdano yn gymorth wrth geisio goddef eu trallodion. I'r ffodusion, gall gostyngeiddrwydd meddylgar ennyn empathi a chydymdeimlad, hanfodion moeseg a chymdeithas wâr. A hanfod y foeseg Gristnogol yw gofal dros yr anffodus ac ymroddiad ysol i gywiro'r camwri sy'n eu llethu. Mae cyfraniad yr eglwys Gristnogol i'r cyfeiriad yma, yn lleol ac yn fyd-eang, eisoes yn ganmoladwy, ond bydd angen dyblu'i hymdrechion.

Dull crefydd o feithrin yn ei chredinwyr y ffordd yma o weld y byd a byw ynddo yw creu ac arfer defodau: ymdawelu, penlinio, sefyll, gweddïo, cydganu, cydwrando, cydfwyta a chydyfed, syllu ar gelf gysegredig, anadlu arogldarth ac ati. Bydd angen i'r Gristnogaeth newydd ddatblygu defodaeth newydd sy'n cyfateb i'r foeseg newydd y mae-hi am ei hyrwyddo.

Bydd dysgu rhyfeddu at amrywioldeb natur, fel y gwnaeth Pantycelyn, yn rhan annatod o'r ddefodaeth honno.

Ac fel y gwnaeth Pantycelyn, bydd codi'n golygon tua'r nefoedd, tua phellterau'r cosmos, yn peri i ni, yng ngeiriau un o'i gymrodyr, "synnu fyth ar synnu" wrth syllu ar yr eangderau a cheisio dirnad y dirgelwch eithaf sy'r tu hwnt iddyn.

I Bantycelyn, fel i wyddonwyr ei oes, y Llwybr Llaethog oedd y bydsawd cyfan. Ers y 1920au fe wyddon-ni mai un galaeth o blith myrdd yw'n Llwybr Llaethog ni, clwstwr siâp sbeiral sy'n cynnwys rhwng 100 a 400 biliwn o sêr. Ein cymydog galaethol agosaf yw Andromeda, 2.5 biliwn o flynyddau goleuni i ffwrdd (blwyddyn goleuni = 9.46 triliwn cilomedr). Ymhen 5.6 biliwn o flynyddau mae'n bosibl y bydd y Llwybr Llaethog ac Andromeda yn coleidio. Dau o bedwar galaeth sy'n ffurfio uwchglwstwr Virgo yw Andromeda a'r Llwybr Llaethog, a rhan o glwstwr o uwchglystyrau dan yr enw Laniakea yw Virgo. Gall fod 100 biliwn o alaethau yn y bydysawd.

Ac ymhellach, gall mai un bydysawd ymhlith nifer diderfyn o fydysawdau yw'n un ni.

Y fath ffynhonnell o ryfeddod a pharchedig-aeth yw myfyrio ar y dirgelion hyn. Dyna un ffordd o'u canfod.

Ar y llaw arall, gellid dod i'r casgliad nad yw Dyn fel rhywogaeth yn ddim ond llychyn dibwys yn yr affwys arswydus yma ac yn cyfrif dim. Ond ansawdd, nid maint, sy'n rhoi arwyddocâd ac mae Dyn, a phob unigolyn, yn ansoddol arbennig. Mae ei alluoedd, ac felly ei gyfrifoldeb, ymysg rhywogaethau'n planed ni yn unigryw. Mae ei allu i gydymdeimlo yn fawr, felly hefyd ei gapasiti i gasáu a diystyru lles ei gyd-ddyn.

Onid yw hi'n amlwg mai'n priod genhadaeth ni, yn wyneb yr argyfwng dirfodol sydd ohoni, yw ymrestru ac ymdrechu o blaid Cydymdeimlad? Ys dywedodd Waldo Williams, "Mae Teyrnas gref, a'i rhaith/ Yw cydymdeimlad maith." Amen, meddai Pantycelyn. Datganiad diweddar i'r perwyl yw Siarter Cydymdeimlad (gw. yr Atodiad).

Wrth ddatblygu ei moeseg a'i defodaeth bydd angen i'r Gristnogaeth newydd fod yn agored i ddylanwadau amryfath, gan dynnu ar gyfoeth traddodiadau crefyddol eraill ac yn arbennig ar eich safbwyntiau a'ch diwylliannau chi, y to sy'n codi. Fel y gwyddai Pantycelyn, rhaid i bob cenhedlaeth gyfansoddi ei chaneuon ei hun, ffeindio'i ffordd ei hun o brofi ecstasis.

Ond ffolineb fyddai cefnu ar weledigaethau'r gorffennol. Dyna i chi gyfoeth di-ben-draw yr ysgrythurau Iddewig-Gristnogol er enghraifft, eu chwedlau a'u barddoniaeth, eu dyfnder, eu croesddywediadau a'u hesblygiad. Yn arbennig, dyna i chi'r portread rhyfeddol-amlweddog o Iesu Grist, ysbrydoliaeth, delfryd a chysur miliynau dros ddau fileniwm.

Yr Iesu hwnnw oedd ysbrydoliaeth y ddau lanc a fu'n gyd-efrydwyr yn Chancefield, William Williams a Richard Price. Heddiw mae angen gweledigaeth y ddau.

Rhaid dal at hyder Price mewn Cynnydd, ym mhotensialCed Dyn, er gwaetha'i "imbecility" ysbeidiol, i ddatrys problemau a chyrraedd gwastad uwch o warineb. Rhaid cofleidio ffydd Pantycelyn bod iechydwriaeth yn bosibl, i'r unigolyn ac i gymdeithas hefyd.

Ond er mwyn gwarchod rhag gwag-optimistiaeth mae angen i ni gadw mewn cof, gyda Phantycelyn, ba mor gyndyn yw tuedd Dyn at ddrygioni, yn hunan-dyb, yn ysgelerderau, yn esgeulustod – mae'r catalog yn hir. "Mewn anialwch rwyf yn trigo," meddai Pantycelyn, a dyna fu ac yw profiad miloedd lawer o'n cyd-ddynion. Ar adegau, tebyg i daith ddyrys drwy anialdir fydd y traws-symud i'r gwareiddiad cynaliadwy y mae'n rhaid i ni ymgymryd ag e. Weithiau y cysur gorau gawn-ni fydd geiriau'r offeren, "Arglwydd, trugarha wrthym. Crist, trugarha wrthym".

I gloi, mae'n ddrwg gen-i i'r llythyr yma fynd yn hir. Rwyf

wedi treial bod yn gryno ond roedd gen i gryn dipyn i'w ddweud. Y sylwadau ar y cerddi yw craidd y mater.

Yr eiddoch yn ddiffuant,
Cynog Dafis

Atodiad:
Siarter Cydymdeimlad

Pan ddyfarnwyd gwobr TED i Karen Armstrong, penderfynodd-hi ddefnyddio'r arian i ysgogi crefyddwyr ledled y byd i gytuno ar ddiffiniad o hanfod eu ffydd. Trefnwyd gwahoddiad agored i bobl ddanfon eu sylwadau ac yna cynullwyd nifer o arweinyddion a meddylwyr crefyddol i adolygu'r miloedd o ymatebion a'u distyllu'n gyd-ddatganiad. Felly y lluniwyd Siarter Cydymdeimlad (Charter for Compassion) a gyhoeddwyd yn 2009, gyda'r Archesgob Desmond Tutu a'r Dalai Lama ymysg y llofnodwyr. Erbyn hyn mabwysiadwyd y Siarter gan sefydliadau cyhoeddus mewn 50 o wledydd, gydag ymrwymiad i'w rhoi ar waith yn ymarferol.

<u>Y Siarter</u>
Egwyddor sy i'w chael yng nghraidd pob traddodiad crefyddol, moesegol ac ysbrydol yw cydymdeimlad, yn galw arnom i drin pawb arall fel y dymunem ni'n hunain gael ein trin. Mae cydymdeimlad yn ein cymell i weithio'n ddiflino er llaesu dioddefaint ein cyd-greaduriaid, i ddiorseddu ein hunain o ganol y byd a rhoi rhywun arall yno, ac i fawrygu sancteiddrwydd cysegredig pob un bod dynol, gan drin pawb, yn ddiwahân, yn gwbl gyfartal, â chyfiawnder ac â pharch.

Rhaid hefyd, mewn bywyd cyhoeddus a phreifat fel ei gilydd, ymatal yn gyson a chydag empathi rhag achosi poen. Ymwadu â'n dynoliaeth gyffredin yw gweithredu neu siarad treisgar, yn codi o wenwyn, siofinistiaeth neu hunan-les, er mwyn tlodi neu ecsbloetio unrhyw un, neu wadu ei hawliau sylfaenol; ac ennyn casineb drwy ddifrïo eraill – hyd yn oed rai a ystyriwn ni'n elynion.

Mae taer angen i ni wneud cydymdeimlad yn rym eglur, gloyw, egnïol yn ein byd pegynol. Wedi'i wreiddio mewn penderfyniad egwyddorol i drosgynnu'r hunan, gall cydymdeimlad chwalu ffiniau gwleidyddiaeth, dogma, ideoleg a chrefydd. O'n cyd-ddibyniaeth ddofn y mae cydymdeimlad yn tarddu: mae'n hanfodol i gydberthynas ddynol ac i ddynoliaeth gyflawn. Dyma'r llwybr tua'r goleuni, sy'n anhepgor er creu economi gyfiawn a chymdeithas dangnefeddus fyd-eang.